UTB 5035

Eine Arbeitsgemeinschaft der Verlage

Böhlau Verlag · Wien · Köln · Weimar
Verlag Barbara Budrich · Opladen · Toronto
facultas · Wien
Wilhelm Fink · Paderborn
A. Francke Verlag · Tübingen
Haupt Verlag · Bern
Verlag Julius Klinkhardt · Bad Heilbrunn
Mohr Siebeck · Tübingen
Ernst Reinhardt Verlag · München
Ferdinand Schöningh · Paderborn
Eugen Ulmer Verlag · Stuttgart
UVK Verlag · München
Vandenhoeck & Ruprecht · Göttingen
Waxmann · Münster · New York
wbv Publikation · Bielefeld

Fabian Wolbring

Sprachbewusste Gedichtanalyse

Eine praktische Einführung

Vandenhoeck & Ruprecht

Dr. Fabian Wolbring ist wissenschaftlicher Mitarbeiter am Lehrstuhl für Neuere deutsche Literatur- und Kulturwissenschaft der Universität Bonn. Seine Lehr- und Forschungsschwerpunkte liegen in der Lyrokologie, der Medientheorie und der Literaturdidaktik. Neben seiner akademischen Tätigkeit betreut und begleitete er diverse Jugendprojekte im Bereich HipHop und Rap und war außerdem schon selbst als Rapper, Blogger und Erzähler in den (Sub-)Kulturszenen des Ruhrgebiets unterwegs.

Online-Angebote oder elektronische Ausgaben sind erhältlich unter **www.utb-shop.de**

Bibliografische Information der Deutschen Nationalbibliothek:
Die Deutsche Nationalbibliothek verzeichnet diese Publikation in der Deutschen Nationalbibliografie; detaillierte bibliografische Daten sind im Internet über http://dnb.de abrufbar.

Umschlagbild: Fotografie ©Andrea Kiesendahl

Umschlaggestaltung: Atelier Reichert
Satz: SchwabScantechnik, Göttingen
Druck und Bildung: CPI, Leck
Printed in the EU

Vandenhoeck & Ruprecht Verlage | www.vandenhoeck-ruprecht-verlage.com

UTB-Band-Nr. 5035
ISBN 978-3-8252-5035-5

Inhalt

1. Einführendes

> Ich bin fast 18 und hab keine Ahnung von Steuern, Miete oder Versicherungen. Aber ich kann 'ne Gedichtsanalyse schreiben. In 4 Sprachen[1]

Mit diesem Tweet löste eine Abiturientin aus Nordrhein-Westfalen vor einiger Zeit eine bundesweite Debatte über den lebenspraktischen Wert und Unwert aktueller Unterrichtsgegenstände aus und sprach damit offenkundig vielen Menschen aus der Seele.[2] Die „Gedicht*s*analyse" [sic] gilt demnach als Inbegriff des Obsoleten; als Sammelsurium kruder Praktiken wie Reimschemabestimmung oder Versfußmessung, das ausschließlich dazu dient, nicht minder kruden Texten[3] vermeintliche Bedeutungen abzuringen und aufzubürden, über deren Berechtigung bzw. Richtigkeit die jeweilige Lehrkraft dann nach schleierhaften Kriterien Urteile fällt.

Gerade in Zeiten zunehmender Standardisierung erscheint mir eine gesunde Skepsis gegenüber dem Nutzen manches Lyrikunterrichts durchaus angebracht. Statt die Lernenden für ein Gedicht und seine jeweils spezifische sprachliche Gestaltung zu sensibilisieren, werden ihnen häufig rigide schematische Lösungsmuster eingepaukt, die sie zu dem zweifellos selbstüberschätzenden Irrglauben führen, sie könnten (noch dazu in vier Sprachen) Gedichte angemessen und erschöpfend analysieren. Meine persönliche Erfahrung als Leiter zahlreicher Einführungsseminare in die Gedichtanalyse zeigt indes, dass die meisten Studierenden am Anfang ihres Studiums große Probleme oder Hemmungen haben, überhaupt etwas zu einem zuvor unbekannten Gedicht zu sagen, geschweige denn analysierende oder interpretierende Leseweisen zu entdecken, die auf sorgfältigen Textbeobachtungen basieren. Daher empfand ich es als vorderste Dozentenpflicht, meinen KursteilnehmerInnen diesbe-

1 Naina (@nainablabla), 10.01.2015, Tweet.

2 Vgl. etwa Franz Nestlers Artikel „Wie ein Tweet eine Bildungsdebatte auslösen konnte" in der Frankfurter Allgemeinen Zeitung vom 16.1.2015.

3 Vgl. zu den generellen Ressentiments vieler Schülerinnen und Schüler gegenüber Lyrik z. B. Pfeiffer 2013, S. 65 oder Waldmann 2006, S. 5.

züglich Hilfestellung zu leisten. Sie wurden angehalten, dem jeweiligen Gedicht unvoreingenommen und doch interessiert und aufgeschlossen zu begegnen, es gründlich und mehrfach zu lesen, es auf Basis des eigenen Sprachempfindens nachzuvollziehen und in seiner Wirkung zu beschreiben, sich zu wundern, Formulierungsentscheidungen zu hinterfragen und zuletzt zu versuchen, Wirkungseindrücke und Verständnishypothesen über Textbelege argumentativ zu plausibilisieren. In der Terminologie der Literaturdidaktik lassen sich diese Formen der Texterschließung unter den Begriff des *textnahen Lesens* subsumieren.[4] In literaturwissenschaftlichen Kontexten ist hingegen von *Close Readings* die Rede.[5]

Wie bei Gedichtanalysen üblich wurde in den Seminaren oft nach einer Gesamtbedeutung des jeweiligen Gedichtes gefragt.[6] Wichtiger als die finale Interpretation war aber stets die Analyse selbst, d. h. die sorgfältige Untersuchung des jeweiligen Gedichts nach unterschiedlichen Gesichtspunkten. Meine Funktion bestand darin, fragenentwickelnde Kursgespräche anzuregen; über den Text, vor allem aber auch *mit* dem Text, da alle Fragen an diesen gerichtet und alle potentiellen Antworten, Argumente und Hypothesen aus ihm heraus generiert werden sollten. Lediglich zur Klärung unbekannter Begriffe oder offensichtlicher Anspielungen wurden sekundäre Quellen und Hilfsmittel zugelassen (etwa wenn die Loreley namentlich im Text vorkam, der Mythos aber nicht bekannt war). Eine solche Analysepraxis, bei der literaturgeschichtliches Kontextwissen zu Autor, Gattung und Epoche zunächst weitgehend ausgeklammert wird, nennt man in der Fachsprache *werkimmanent.* Entsprechende Informationen mögen für die tiefergehende Analyse in schriftlichen Arbeiten sicherlich unabdingbar sein; als vorschnell herbeigegoogletes Herrschaftswissen lenken sie erfahrungsgemäß aber eher von der konzentrierten Lektüre ab und verhindern nicht selten den primär ange-

4 Vgl. Jürgen Belgrad und Karlheinz Fingerhut (Hrsg.): TEXTNAHES LESEN. ANNÄHERUNGEN AN LITERATUR IM UNTERRICHT. Hohengehren 1998.

5 Vgl. Hallet 2010, S. 294.

6 Die Seminare standen folglich durchaus im Zeichen der *Hermeneutik*, also des ausdeutenden Interpretierens von Texten. Die Hermeneutik hat als „Kunst der Auslegung“ eine bis in die Antike zurückreichende Tradition (vgl. Berensmeyer 2010, S. 29 ff.).

strebten, selbstdenkenden Erschließungsprozess der Studierenden.[7] Allerdings wurde zu Beginn jeder Sitzung in einem kurzen Dozentenvortrag eine Methode oder Beobachtungshinsicht vorgestellt, die als Such-Impulse fungieren sollten, d.h. als Anregungen, das jeweilige Gedicht einmal im Lichte des jeweiligen Aspekts zu untersuchen und zu „befragen“. In diesem Sinne verstehe ich die Seminare (wie auch diesen Band) als *praktisch* orientiert, weil stets die konkrete Anwendung theoretischen bzw. methodischen Wissens angestrebt wird.

Was die Kursgespräche auszeichnete, war ihre Ergebnisoffenheit. Gedichtanalyse wurde nicht als Geschäft der harten Wahrheiten aufgefasst, sondern vielmehr als eine bewusst assoziative und spekulative Praxis, die dazu dient, jenseits von wahr und falsch zu nachvollziehbaren Hypothesen zu gelangen, deren Berechtigung es selbst graduell einzuschätzen und argumentativ zu vertreten gilt. Im reflektierten Abgleich mit anderen lernten die Studierenden häufig erst die eigenen Rezeptionsgewohnheiten und Verarbeitungsroutinen kennen, die das individuelle Verständnis (oder Unverständnis) für einen Text mitbestimmen. Gedichte gelten dabei bekanntlich als Texte mit besonders hohem Irritationspotential (siehe Kap. 1).[8] Gleichzeitig herrschte natürlich nie der Anspruch, die eine, ausschließlich gültige, womöglich gar vom Autor legitimierte Bedeutung zu erschließen.

Die Seminare fanden bei den Studierenden viel Zuspruch und lassen diese Text-/Kurs-Gespräche als guten Nährboden für eine

7 Vgl. Belgrad und Fingerhut: „Textnahes Lesen stellt *zunächst* den vorliegenden Primärtext in den Vordergrund. Wir lassen also zunächst die *Hilfestellung* zusätzlicher Informationen über Autor, Werk, Gattung, Epoche usw. beiseite, und zwar weil diese den Text unter dem gewählten Gesichtspunkt (z.B. Gattung) ‚modellieren‘ würden. Deutungen, die sich *vorwiegend* auf den Hintergrund von Autor, Gattung, Epoche stützen, geben dem Text einen allgemeineren, einen überindividuellen (in der Sprache Derridas einen ‚logozentrischen‘) Charakter. Die Interpretation verweist sofort über *diesen* Text hinaus auf Generelles beim Autor, der Gattung oder der Epoche. Sie übersehen oft Wichtiges, das im Text vor Augen liegt, indem sie prinzipiell immer auf etwas anderes verweisen. Sie unterstellen unbefragt, daß das Spezielle sich dann schon im Allgemeinen zeigt“ (Belgrad und Fingerhut 1998, S. 8f.).

8 Vgl. etwa Anja Pompe: „Keine andere literarische Ausdrucksform ist so sehr auf das Aussetzen der Verständnisroutine angelegt, mithin auf Verzögerung, wie die Lyrik“ (Pompe 2015, S. 7).

konzentrierte und interessierte Lektüre von Texten erscheinen. Leider lassen sie sich nicht gleichwertig in ein Buch überführen, da sie hier notwendig ihre Offenheit und Interaktivität verlieren. Trotzdem soll dieser Band seine Leserschaft zu einem vergleichbar offenen und diskursiven Umgang mit Gedichten animieren. Die elf Kapitel entsprechen dabei elf exemplarischen Textgesprächen, bei denen wie im Seminar jeweils eine Beobachtungshinsicht in den Blick gerät. Der Ton des Bandes ist dabei bewusst subjektiv gehalten, auch um die notwendig subjektiven Anteile jeder Gedichtanalyse sprachlich abzubilden (siehe Kap. 2).

Nachdem das erste Kapitel (1.) kursorisch die Frage nach den potentiellen Kennzeichen und Merkmalen eines Gedichts behandelt, wird der Blick auf die grundsätzliche Medialität von Sprache gelenkt (2.), dann auf die Unterschiede zwischen Mündlichkeit und Schriftlichkeit (3.), auf die in einem Text verwendeten Wörter (4.), das ausgestellte Sprechverhalten (5.), narrative, d. h. erzählende Aspekte (6.), die Oppositionsstrukturen (7.), die implizite Sympathielenkung (8.), den Rhythmus (9.) und den Reim (10.). Abschließend wird ein exemplarischer Gedichtvergleich vorgeführt (11.). Natürlich erhebe ich bei dieser Auswahl keinerlei Anspruch auf Vollständigkeit, glaube aber, dass die Methoden oder Beobachtungshinsichten zusammengenommen ein vielfältiges und zeitgemäßes Instrumentarium zur Erstbegegnung mit einem Gedicht ergeben. Die Reihenfolge ist dabei nicht zwingend, hat sich aber bewährt und, dass die „typischen" formalen Gedichtanalyse-Elemente ans Ende gerückt sind, hängt durchaus damit zusammen, dass sie nach meiner Erfahrung häufig recht wenig zum basalen Textverständnis beitragen. Ist ein solches allerdings erst einmal gewonnen, können formale Aspekte den Blick noch einmal neu justieren und noch einmal neue Befunde erbringen, die die bisherigen bestätigen, spezifizieren oder auch irritieren.

Ausschlaggebend für die Auswahl der Gedichte war deren Tauglichkeit, in der jeweiligen Hinsicht „Gesprächsstoff" zu bieten, da nicht jeder Zugang bei jedem Text gleichwertige Analyseerträge liefert. Die Beispiele reichen von kanonisierten Klassikern des 18. Jahrhunderts über romantische Verse, Biedermeier-Gedichte, moderne Lyrik, konkrete Poesie bis hin zu aktuellen Lyrikformen wie Rap; wobei sie – dem Prinzip der Seminare folgend – weitestgehend ahistorisch und dekontextualisiert aus einem heutigen Sprachempfinden heraus betrachtet werden. Ein Gedicht (Conrad Ferdinand Meyers ZWEI SEGEL) wird zudem kapitelübergreifend herangezogen, um zu demonstrieren, wie die unterschiedlichen Zugänge im Zusammenspiel dazu führen können, das Gespräch mit dem Text immer wieder neu, anders und vertiefend „in Gang“ zu halten.

Die Beobachtungshinsichten sind mehrheitlich allgemeinsprachlicher Natur und damit nicht lyrikexklusiv. Dies erklärt sich daraus, dass der hier verfolgte Zugang zur Gedichtanalyse ein explizit *sprachbewusster* ist, also einer, bei dem die Gedichte auf ihren jeweils spezifischen Gebrauch von Sprache hin untersucht werden. Gedichte gelten als Texte, die die Darstellungs- und Gestaltungsmöglichkeiten der Sprache in besonderem Maße exponieren (siehe Kap. 1). Sie sind daher prädestiniert zur Förderung jener im aktuellen didaktischen Diskurs häufig erwähnten „Sprachbewusstheit“, also eines reflektierten Verständnisses für die Funktions- und Wirkungsweisen der Sprache.[9] Im Idealfall entwickeln die Studierenden bei der Analyse also nicht nur ein Verständnis für das jeweilige Gedicht, sondern auch eine erhöhte Sensibilität für das Medium Sprache. Hierin besteht in meinen Augen sogar der eigentliche „Bildungswert“ der in diesem Band vertretenen Form von Gedichtanalyse: Sie ermutigt zur genauen, mündigen und geduldigen Beobachtung von Sprache und regt dabei gleichermaßen zu Gründlichkeit wie Offenheit im Denken an. Sie fördert somit basale kognitive Kompetenzen, die sich in diversen (Sprach-)Kontexten und folglich nicht nur für angehende PhilologInnen als nützlich erweisen. Daher erscheinen sie mir als ebenso lernenswert und lebensnah wie das Wissen über Steuern, Miete oder Versicherungen.

Der Band richtet sich vornehmlich an Bachelorstudierende und OberstufenschülerInnen (bzw. deren Dozenten- und Lehrerschaft) und möchte diese ermutigen, Texten unbefangen und interessiert zu begegnen. Er versteht sich daher als Ergänzung zu anderen Einführungen (wie z. B. Burdorf 2015, Felsner et al. 2012 oder Elit 2008), die insgesamt eher gattungstheoretisches und -historisches Wissen

9 Vgl. etwa den Beschluss der Kultusministerkonferenz vom 18.10.2012 zu den Bildungsstandards im Fach Deutsch für die Allgemeine Hochschulreife, S. 20.

vermitteln. Das Literaturverzeichnis am Ende (Kap. 12) eröffnet zahlreiche Anschlüsse für alle, die sich tiefergehend mit der *Lyrikologie*, d.h. der Lyriktheorie und anderen Bereichen der Lyrikforschung, auseinandersetzen möchten.[10]

10 Einen kommentierten Überblick über verschiedene einschlägige Lyrik-Einführungen stellt etwa Oliver Müller seiner eigenen Lyrik-Einführung voran (s. Müller 2011, S. 10ff.).

2. Was ist ein Gedicht?

Was ist eigentlich ein Gedicht? Diese schlichte Frage steht erfahrungsgemäß am Anfang beinahe jedes Einführungsbandes und Proseminars zur Gedichtanalyse. Und obwohl die meisten Menschen gemeinhin einen als Gedicht intendierten Text ohne Schwierigkeiten auch als solches erkennen und überdies sicher leicht selbst ein Beispielgedicht benennen und womöglich gar rezitieren könnten, fällt es doch erstaunlich schwer, Alleinstellungsmerkmale anzugeben und das Wesen eines Gedichts zu definieren.[1] Entsprechend kursieren in Literatur wie Seminardiskurs erstaunlich vielfältige Hypothesen zu den potentiellen Kennzeichen von Gedichten, von denen ich die gängigsten im Folgenden kurz und überblicksweise vorstellen und an einem Beispiel auf ihre Tauglichkeit hin prüfen möchte.

Mein Beispiel stammt aus Loriots berühmtem Fernseh-Sketch WEIHNACHTEN BEI HOPPENSTEDTS aus dem Jahr 1978. Der propere Familienspross Dicki wird von Mutter Hoppenstedt aufgefordert, unterm Tannenbaum ein Gedicht aufzusagen und Dicki skandiert unaufgeregt die drei Worte:

> Zicke, Zacke – Hühnerkacke.

Ist das nun ein Gedicht? Aus Mutter Hoppenstedts Reaktion („Nein, *das* nicht."), lässt sich ableiten, dass sie Dickis Aussage zwar als unpassendes, aber eben doch als Gedicht anerkennt. Und aus literaturwissenschaftlicher Perspektive?

Lyrik als Gattung

Die Frage, ob ein Text ein Gedicht sei oder nicht, erscheint hier als eine Frage nach der *Gattung*. Klassischerweise werden mit *Epik*, *Dramatik* und *Lyrik* drei Großgattungen unterschieden, wobei Gedichte mehrheitlich oder sogar vollständig letztgenannter zugehören sollen.[2] Abgegrenzt

1 Vgl. etwa die derzeitigen Definitionsbemühungen des DFG geförderten NETZWERKS LYRIKOLOGIE. KONTUREN EINES FORSCHUNGSFELDES.

2 Vgl. etwa Dieter Burdorf: „Lyrik ist die literarische Gattung, die alle Gedichte umfaßt" (Burdorf 2015, S. 20).

wird diese Gattung dabei häufig durch Negativbefunde. Im Gegensatz zu den Texten der Epik wären Gedichte etwa konstitutiv „fabellos“,[3] d. h. sie erzählten grundsätzlich keine Geschichten. Im Gegensatz zu den Texten der Dramatik, die stets dialogisch seien, handle es sich bei Gedichten konstitutiv um „Einzelreden“[4], die zudem nicht „auf szenische Aufführung hin angelegt“[5] wären. Für Dickis Text ließe sich all dies nun durchaus bestätigen (wobei der Vortrag wohl auch etwas von einer „Aufführung“ hat), aber dass dies ausreicht, um einen beliebigen Text als Gedicht zu erkennen, scheint fragwürdig.

Formale Kennzeichen

Im REALLEXIKON DER DEUTSCHEN LITERATURWISSENSCHAFT findet sich eine sehr knappe, rein formale und anscheinend recht verbindliche Minimaldefinition von *Gedicht,* die da lautet: „Text in Versen“[6]. Obgleich sich auch die offenkundige Anschlussfrage, was denn nun eigentlich ein Vers sei, trefflich diskutieren ließe (siehe Kap. 9), erfüllt Dickis Aussage dieses Kriterium geradezu bravourös: Acht trochäisch geordnete Silben (betont/unbetont) formen zwei Verse mit deutlicher Zäsur dazwischen. Darüber hinaus erfüllt der Text mit seinen markanten Endreimen („Zacke“ auf „-kacke“), wie auch mit dem konsonantischen Binnenreim („Zicke“ auf „Zacke“),[7] das landläufig wohl verbreitetste Klassifizierungs-Kriterium des „Gereimtseins“ (siehe Kap. 10). Und auch das ebenfalls formale Kriterium der „relativen“ Kürze[8] lässt sich attestieren.

Landläufig wird die Gattung zuweilen auch inhaltlich oder thematisch bestimmt. So wird sie etwa häufig als „Affektgattung“ aufgefasst, die konstitutiv von einem „lyrischen Ich“ handle, das durch das Gedicht seine Emotionen zum Ausdruck brächte.[9] Entsprechende Liebes- oder Sehnsuchtsgedichte zählen sicher zu den populärsten

3 Klotz 2011, S. 32.
4 Lamping 1989, S. 63.
5 Burdorf 2015, S. 21.
6 Lamping 2007, S. 669.
7 Beim *konsonantischen Reim* unterscheiden sich die Reimwörter nicht wie beim Endreim im Anlaut, sondern im Vokal der Stammsilbe (siehe Kap. 10).
8 Vgl. etwa Strobel 2015, S. 23.
9 Vgl. etwa Pfeiffer 2010, S. 54.

Texten der Gattung, doch in Dickis Fall ist davon zunächst nichts zu entdecken (auch wenn man durchaus Rückschlüsse auf dessen Gefühlslage ziehen könnte [s. u.]). Ebenfalls schwierig erscheinen inhaltliche Bestimmungsversuche, nach denen Gedichte stets bestimmte Augenblicke oder Situationen einfangen.[10] Davon ist bei Dickis Text nichts auszumachen. Eher fängt der Sketch eine Situation ein (Weihnachtsabend) und Dickis Verse bilden eine grundsätzlich situationsunabhängige, beliebig rekontextualisierbare Einheit. Auch die Einschätzung, Gedichte lieferten „prägnant[e] Zeitdiagnosen"[11] ihrer jeweiligen Epoche, überzeugt in diesem Fall nicht. Der Sketch mag das deutsche Spießertum der späten 70er portraitieren oder persiflieren, doch Dickis Worte wirken als typische Kinderverse merkwürdig ahistorisch.

Inhaltliche Kriterien

Insgesamt passender erscheinen da Bestimmungsversuche, nach denen der Inhalt bei einem Gedicht eben keine oder nur eine untergeordnete Rolle spielt, weshalb es als „semantisch entlasteter" Text besonders „ästhetisch" wirken könne (s. u.). Oder geht es womöglich wirklich um Hühnerkacke? Vielleicht solche, die im „Zickzack", also kreuz und quer im Hühnerstahl verteilt wurde? Und wie verhält es sich mit der These, Gedichte hätten als „autoreferentielle Texte"[12] stets sich selbst zum Inhalt? Trifft dies auf ein „Zicke, Zacke – Hühnerkacke." auch zu?

das „lyrische Ich"

Nicht einmal ein explizites „lyrisches Ich" taucht im Gedicht auf, das ebenfalls gelegentlich als bestimmendes Merkmal der Gattung angegeben wird.[13] Aber gibt es nicht immer ein Äußerungssubjekt, also jemanden, der das „Zicke, Zacke – Hühnerkacke." notwendigerweise spricht oder

10 Vgl. etwa den Begriff der *lyrischen Präsenz* bei Petra Anders (Anders 2013, S. 46).

11 Schläbitz 2007, S. 10. Schlaffer zufolge sind Gedichte weniger stark von ihrem historischen Kontext beeinflusst als alle anderen Textsorten: „Alle Werke sind geschichtlich lokalisiert, aber sie gehen nicht in dieser Umgebung auf. Bereits durch ihre immanenten Formstrukturen (z. B. Metrum und Reim) heben sie sich bewußt als imaginative Synthesen inselhaft aus dem Fluß der Geschichte heraus." (Schlaffer 1985, S. 394).

12 Bode 2001, S. 14.

13 Volker Klotz spricht in diesem Zusammenhang etwa von der „All- und Alleinperspektive" des lyrischen Ichs wie auch von dessen „All- und Alleinstimme" (Klotz 2011, S. 35).

gesprochen haben muss (siehe Kap. 2)? Kaspar Spinner definiert das „lyrische Ich" als „Leerdeixis"[14], d.h. als unbesetzte Sprecherrolle, die weder vom Autor noch von einer näher bestimmbaren Figur eingenommen wird.[15] Tatsächlich erscheint auch unser Gedicht weder als die unmittelbare Aussage der Figur Dicki (die eher zu rezitieren scheint), noch als die des Sketch-Autors Loriot. Vermutlich ist Loriot auch nicht der Autor des Gedichts, sondern es handelt sich um jahrzehntelang bekannte Verse eines längst vergessenen Urheber-Kindes, die – ganz im Sinne einer Leerdeixis – bereits von zahllosen Sprecherkindern zitiert und adaptiert wurden. Aber wäre ein Verstext, bei dem das Äußerungssubjekt eindeutig einem Autor oder einer Rolle zuzuschreiben ist, demnach kein Gedicht?

poetische Sprache?

Häufig liest man auch, Gedichte seien durch eine eigene, eben „poetische Sprache" gekennzeichnet, die von der „Normalsprache" zu unterscheiden sei.[16] Aber wodurch? Etwa durch ein eigenes Vokabular? Die Worte „Zicke" und „Zacke" – insbesondere im Zusammenspiel – erscheinen mir tatsächlich nicht dem alltagssprachlichen Lexikon zuzugehören; „Hühnerkacke" indes schon. Es ist offensichtlich nicht Teil jener gedichtexklusiven „gesteigerten Sprache", die, dem Literaturdidaktiker Winfried Pielow zufolge, „auch noch das ‚Zarteste' sagen kann",[17] und auch nicht jenes konventionellen Registers „poetischer Sprache", das Begriffe wie *Ach!* und *Weh!*, *Herzeleid*, *Nymphe* oder *Windeshauch* enthält.[18] Reicht das aus, um Dickis Versen den Status „Gedicht" abzuerkennen? Dass Gedichte gemeinhin einen entsprechend erhabenen Stil oder „hohen Ton" erwarten lassen, zeigt sich daran, dass dessen Nichtentsprechung letztlich die Komik des Sketches generiert. Von einer gedichttypischen „verdichteten Bildsprache",[19] die sich wohl etwa im metaphorischen bzw. symbolhaften Gebrauch von Begriffen wie *Rose*, *Schiff* oder *Sonne* niederschlägt, ist bei Dicki ebenfalls nichts zu erkennen. Zumindest fiele

14 Spinner 1975, S. 17.
15 Vgl. etwa Waldmann 2003, S. 111 oder Schlaffer 1995, S. 40.
16 Vgl. etwa Müller 2011, S. 19.
17 Pielow 1978, S. 47.
18 Vgl. etwa Crystal 1993, S. 73.
19 Werner 2010, S. 5.

mir nichts ein, wofür die Hühnerkacke hier Symbol oder Metapher sein könnte. Die poetische Sprache von Gedichten – so liest man – sei dazu imstande, im „synästhetischen Vollzug“[20] mehrere Sinneswahrnehmungen zu verschränken, doch Dickis Zeilen erwecken in mir (zum Glück) weder bildliche, noch haptische oder gar olfaktorische Vorstellungen. Mal liest man, die Sprache im Gedicht zeichne sich durch ihre Mehrdeutigkeit aus[21] und mal durch ihre Prägnanz und darstellerische Genauigkeit.[22] Mal gilt sie als besonders hermetisch (also verschlossen) und mal als genuin assoziativ; ein anderes Mal als besonders klangvoll, harmonisch oder gar musikalisch.[23] Letzteres mag auf Dickis Verse, die tatsächlich den Charakter eines Spottliedes haben, durchaus zutreffen, aber der Rest? Mir fällt es schwer, in den Zeilen einen klaren Sinn zu erkennen, aber ist es deswegen schon hermetisch oder mehrdeutig? Ich finde sie (vor allem im Weihnachtsabendkontext) auch durchaus drastisch; aber besonders prägnant oder genau?

Für unser Vorhaben, im Gespräch mit Gedichten die Wirkungsweise von Sprache zu reflektieren, erscheint mir die Vorannahme, Gedichte würden eine genuin „andere“ Sprache verwenden als andere Texte, nicht zielführend. Eher nutzen sie dieselbe Sprache wie alle auf gedichtspezifische Weisen, um die oben genannten Effekte (oder auch andere) zu generieren. Ihre AutorInnen wenden womöglich bestimmte Verfahren bei der Erstellung eines Gedichtes an, d. h. sie folgen (bewusst oder unbewusst) bestimmten Regeln und Grundsätzen *(Poetiken)* bei der Konzeption ihrer Texte und produzieren so den Eindruck von *Poetizität*, d. h. eines ungewöhnlich kunstvollen Sprachgebrauchs. Aber was genau macht diese Verfahren aus?

20 Klotz 2011, S. 47.

21 Vgl. etwa Kliewer und Kliewer 2002, S. 177.

22 Vgl. etwa Kaspar Spinner: „In der Prägnanz lyrischer Sprache liegt begründet, daß Verse häufig zu einem Aha-Erlebnis führen: Der Leser findet plötzlich treffend in Sprache gefaßt, was er erlebnismäßig diffus erfahren hat.“ (Spinner 2008, S. 6).

23 Vgl. etwa Anders 2013, S. 49. Hartmut Vollmer spricht sich zu Beginn seiner Verstheorie generell für eine deutlichere Bewusstmachung des liedhaften Wesens von Versen aus. Schließlich würden Verse „normalerweise gesungen“ (Vollmar 2008, S. 5) und auch der literarische Sprechvers habe sich „überall aus dem gesungenen Vers entwickelt“ (ebd.).

Normen im Gedicht

Gelegentlich wird die Position vertreten, dass in Gedichten Sprachnormen überschritten[24] und die basalen Anordnungs- und Flexionsregeln sprachlicher Äußerungen (Syntax und Grammatik) nicht länger gelten würden. Für Dickis Verse ließe sich etwa feststellen, dass sie keinen vernünftigen deutschen Satz bilden, weil ihnen das Prädikat fehlt. Andererseits liest man auch, dass Gedichte dadurch gekennzeichnet wären, dass sie vielmehr zusätzlichen Anordnungsregeln folgten, die im alltäglichen Sprachgebrauch missachtet würden. Typischerweise sind dies (wie bei Dicki) Vers- oder Reimmuster, die eingehalten werden (müssen?), möglicherweise aber auch Prinzipien wie eine festgelegte Wortanzahl, bestimmte Lautmuster (z. B. nur „dunkle" Vokale) oder auch ein bestimmtes Vokabular (z. B. viele „Farbwörter"). Muster entstehen dabei vor allem durch Wiederholungsstrukturen und Rückbezüge *(Rekurrenzen)* im Text, zumeist in Form von Variationen.

Überstrukturiertheit

Besonders beliebt ist die Vorstellung, der Sprachgebrauch im Gedicht sei dadurch gekennzeichnet, dass er Form und Inhalt in Einklang brächte, also eine „Gestalt-Gehalt-Korrespondenz"[25] generiere. Das *Wie* der Darstellung entspräche folglich dem *Was* des Inhalts, etwa indem ein wilder Galopp in einem entsprechend „galoppierenden" Sprechrhythmus umgesetzt oder eine traurige Stimmung mit vielen dunklen Vokalen „orchestriert" würde. Gerade in diesem Zusammenhang taucht im theoretischen Diskurs gelegentlich der Begriff der *Überstrukturiertheit* von Gedichten auf. Überstrukturiertheit bedeutet, dass die Sprache in Gedichten auf unterschiedlichen Ebenen bedeutungstragend eingesetzt wird.[26] Während in der Alltagssprache die Sätze und Wörter vorwiegend semantisch eindeutig in ihrer lexikalischen Grundbedeutung *(Denotation)* benutzt würden, seien im Gedicht auch assoziative Nebenbedeutungen *(Konnotationen)* relevant und auch der Klang der Wörter und der Rhythmus der Verse würden bedeutungstragend eingesetzt. Demnach kommuniziert ein

24 Vgl. vor allem Fricke 1981.
25 Anders 2013, S. 76.
26 Vgl. etwa Link 1976, S. 37.

Gedicht also „mehrkanalig“ und die dadurch gleichzeitig vermittelten Botschaften können zueinander in Beziehung gesetzt werden. Klappt das auch bei Dicki? Nun ja, man könnte etwa sagen: das Wort „Hühnerkacke“ hat neben seiner denotativen Bedeutung als Bezeichnung für Unrat, diverse konnotative Nebenbedeutungen durch seine Assoziationen mit Unwerten, Unnützem, Schmutzigem, Lächerlichem, aber auch Ländlichem, Bäuerlichem etc. „Zicke, Zacke“ hat anscheinend keine unmittelbare denotative Bedeutung (s. o.). Oder ist mit *Zicke* doch eine weibliche Ziege gemeint (die ja thematisch gut zum Huhn passen würde)? Immerhin wird dieses Wort vielfach auch figurativ und abwertend für „launische Frauen“ verwendet. Für mich klingt die Wortfolge aber eher nach Tempo und Bewegung; ähnlich wie *zackig* oder *Ruckizucki* oder auch nach *Hin und Her*. Reim und Rhythmus verhelfen den Worten dann zudem zu einer liedhaften Komponente, die ihnen den Charakter eines Spottliedes verleihen, vergleichbar mit dem trotzigen *Näh-NähNäh-Näh-Näh* eines entwischten Kindes beim Fangenspiel. Lassen sich die vermeintlichen „Bedeutungen“ der unterschiedlichen Ebenen denn nun sinnvoll zu einer einzigen Bedeutung zusammenführen? Womöglich gar zu einer Botschaft oder „Lehre“[27] für die Leser? Ist das überhaupt nötig? Und welche könnte das sein? Und wer hat sie dort „versteckt“?

Funktionen eines Gedichtes

Man könnte die Bedeutung von Dickis Versen an ihrer Funktion festmachen. Etwa indem man sagt, sie dienten als Provokation der Mutter. Eine solche Funktion hängt dabei gar nicht notwendigerweise von den *expressis verbis* behandelten Inhalten oder vom Sprachgebrauch ab, sondern wohl eher an der kommunikativen Absicht des Äußerungssubjektes. Tatsächlich sind auch einige der gängigen Bestimmungsversuche von Gedichten in dieser Art und Weise funktionsorientiert. Die Selbstaussprache gilt dabei als besonders typische Funktion eines Gedichtes,[28] selbst wenn der Text die Emotionen und Gefühle nicht explizit erwähnt. Dickis stoische Coolness ließe sich daher vielleicht als bewusst ausgestellter Anti-Affekt interpretieren bzw. als Beleg von Affektkontrolle, als Ausdruck von Lan-

27 Kliewer und Kliewer 2002, S. 105.

28 Vgl. etwa Kammler 2009, S. 5.

geweile oder als rebellischer Akt gegenüber der biederen, aufoktroyierten Weihnachtsidylle. Dass Sprechakte – also durch sprachliche Äußerungen vollzogene Handlungen – das Wesen von Gedichten bestimmen, ist seit Heinz Schlaffers einflussreichem Aufsatz SPRECHAKTE DER LYRIK eine verbreitete Annahme der Lyriktheorie (siehe Kap. 5). Gedichte dienten etwa dem Loben, Klagen, Mahnen, Danken, usw. Allerdings liest man auch, dass sie als „Performativitätsfiktionen“[29] lediglich der Ausstellung oder literarischen Fingierung von Sprechakten dienten. Aber welchen Sprechakt stellt Dicki hier eigentlich aus? Eine genaue Bestimmung scheint schwierig.

Exponierung der Sprache

Mancher erkennt das Wesen des Gedichts denn auch in dessen Absichts- und Funktionslosigkeit.[30] Es sei „entpragmatisiert“ und diene folglich – anders als ein Sach- oder Alltagstext – nicht der unmittelbaren Vermittlung von Informationen oder der Referenz eines lebenswirklichen Sachbestandes und auch nicht dem Vollzug eines lebenspraktischen Sprechaktes. Auf Dickis Nonsense-Verse könnte dies durchaus zutreffen. Allerdings erweist sich die Funktionslosigkeit von Gedichten bei näherer Betrachtung zumeist gar nicht als funktionslos. So dient sie dem Literaturwissenschaftler Jonathan Culler zufolge dem *foregrounding* der Sprache, also ihrer Exponierung als Medium (siehe Kap. 2).[31] Damit schließt Culler seinerseits an Überlegungen des Strukturalisten Roman Jakobson an, der verschiedene Funktionen sprachlicher Äußerungen unterschieden und untersucht hat. Als *poetische Funktion* der Sprache bestimmt er dabei diejenige, bei der die „Einstellung auf die Nachricht als solche, die Zentrierung auf die Nachricht um ihrer selbst willen“[32] dominiert. Bezogen auf unser Beispiel hieße das, Dickis Verse sind vor allem ästhetischer Selbstzweck. Sie werden gesprochen weil sie „gut“ klingen. Durch Rhythmus und Reim werde das Wortmaterial selbst in den Mittelpunkt des Interesses gerückt, also seine Lauteigenschaften und spezifische Anordnung.

29 Hempfer 2014, S. 30.

30 Vgl. etwa Pielows Rede vom „non plus ultra der Absichtslosigkeit“ bei Gedichten (Pielow 1978, S. 47).

31 Culler 2008 [1997], S. 116.

32 Jakobson 1972, S. 108.

rituelle Texte

In vielerlei Hinsicht entsprechen Dickis Verse somit auch einem Ideal, nach dem ein Gedicht stets für den mündlichen Vortrag[33] oder gar für den Gesang bestimmt ist. Schließlich wird der „Zicke, Zacke!“-Schlachtruf auch in Fußballstadien skandiert. Allerdings kursiert auch ein anderes Gedichtideal, nach dem Gedichte dezidiert Schriftprodukte sein sollten, die geschrieben und gelesen werden müssten.[34] Ursprünglich wurden Gedichte wohl vor allem als Bestandteil von Ritualen realisiert, d. h. dass die frühesten Gedichte womöglich zeremonielle Texte wie Gebete, Zaubersprüche oder Beschwörungsformeln waren. Dickis Verse könnten als typische Auszähl- oder Spottverse betrachtet werden, wie sie vielfach Kinderspiele begleiten. Die Komik des Sketches erklärt sich dann daraus, dass das Weihnachtsfest einen ganz anderen Typ von zeremoniellem Begleitgedicht erwarten lässt.

Mit Blick auf modernere Ausprägungen der Lyrik wird inzwischen auch die Meinung vertreten, dass es letztlich nur der Kontext und die Rahmung sei, die aus einem Text (oder womöglich auch jeder anderen Daseinsform) ein Gedicht machten.[35] Ein Text, der in einer Lyrik-Anthologie erscheint, auf einer als Dichterlesung deklarierten Veranstaltung deklamiert oder in einem Lyrikseminar präsentiert wird, würde demnach als Gedicht rezipiert, auch wenn er kein einziges der bisher erwähnten Kriterien erfüllt. In Dickis Fall hieße das, dass die Ankündigung der Mutter alleine jede Äußerung Dickis als Gedicht erscheinen lassen würde. Wenn Dicki allerdings erwidert hätte: „Nee, kein Bock!“, hätte das wohl niemand als Gedicht interpretiert, oder?

Kontext und Rahmung

Wäre der Satz in Peter Handkes Gedichtband DIE INNENWELT DER AUSSENWELT DER INNENWELT erschienen, vermutlich schon. Diesem entstammt nämlich das beliebteste Beispiel für ein einzig durch den Kontext erkennbares „ready-made“-Gedicht DIE AUFSTELLUNG DES 1. FC NÜRNBERG VOM 27.1.1968:

33 Vgl. etwa Wolf 2005.
34 Vgl. etwa Pielow 1978.
35 Vgl. etwa Bode 2001, S. 14.

Wabra
Leupold Popp
Ludwig Müller Wenauer Blankenburg
Starek Strehl Brungs Heinz Müller Volkert

Spielbeginn:
15 Uhr

Anscheinend handelt es sich hierbei um einen ursprünglich literaturfernen Gebrauchstext, womöglich aus einer Sportzeitschrift, die lediglich über die Aufstellung einer Fußballmannschaft informieren will und dabei keine poetischen Absichten verfolgt. Aber erfüllt er nicht doch wesentliche Kriterien eines Gedichtes? Zumindest ließen sich die einzelnen Zeilen durchaus als Verse auffassen. Auch das Kriterium der Kürze ist erfüllt. Und die Worte „Starek" und „Strehl" sind doch alliterierend, oder nicht?

Hypothesenbildung

Allerdings muss ich mir eingestehen, dass mir diese Kennzeichen ohne die Klassifizierung als *Gedicht* gar nicht aufgefallen wären. Offensichtlich verändert der Status *Gedicht* meinen Umgang mit dem Text. In jedem Detail wittere ich nun potentielle Bedeutung[36] und ich versuche, aus meinen Teilbeobachtungen Hypothesen für eine übergeordnete „Gesamtbedeutung" oder eine mögliche kommunikative Absicht zu erstellen. Solche Zweitbedeutungen, die über das basale Verständnis des Textes als Mannschaftsaufstellung hinausgehen, lassen sich mit Klaus Weimar als ein *Verstehen zweiten Grades* bestimmen, d. h. als „Antwort auf die Frage, als was etwas sehr wohl Verstandenes sonst noch zu verstehen sei"[37]. Dabei kann es durchaus unterschiedliche plausible Zweitbedeutungen für diese exponierte Aufstellung geben.[38] Ist es

36 Christoph Bode führt hierzu aus: „Nicht-trivial ist dagegen der Nachweis, daß man Leser allein durch die Suggestion, es handle sich bei einem beliebigen Text um einen poetischen, dazu bringen kann, ihn auf bestimmte Weise recht produktiv und erhellend zu entschlüsseln – auf eine Weise, die gerade seine ‚poetischen' Qualitäten würdigt" (ebd., S. 13).

37 Weimar 2002, S. 110.

38 Vgl. Zabka 2005, S. 79 f.

womöglich eine Hommage des Fußballenthusiasten Handke an die legendäre Mannschaft? Oder im Gegenteil eher eine kritische Thematisierung der allgegenwärtigen Fußballmanie, die womöglich die Kunst und Literatur zu verdrängen sucht? Oder aber die bewusste Unterwanderung der Unterscheidung von Kunst und Alltagsdiskurs? Spielt Handke womöglich auf irgendein historisches Ereignis an? Will er die Entindividualisierung des Menschen durch eine Listenrhetorik vor Augen führen? Geht es womöglich in irgendeiner Art sogar um die Nürnberger Prozesse? Gerade das symbolische Ausdeuten des Textes gilt schließlich als typischer „Modus der Interpretation“[39] bei Gedichten. Oder geht es hier gerade um die Dokumentation unmittelbarer Gegenwart, also jenen Moment im Jahr 1968, an dem das große Spiel begann?

Plötzlich ergeben sich Fragen zur genauen Anordnung der Spielernamen: Hat die Pyramidenform irgendeine Bedeutung? Oder vielleicht die Wortanzahl in den jeweiligen Zeilen (1/2/4/6)? Warum wurde die gegnerische Mannschaft nicht aufgeführt? Wer sich eingehender mit der Referenz-Partie befasst (etwa indem er – wie auch ich – den entsprechenden Wikipedia-Artikel liest), lernt dann auch, dass das Spiel eigentlich bereits um 14 Uhr begann, und zwar mit Helmut Hilpert statt Horst Leupold in der Innenverteidigung. Wozu dienen diese Änderungen? Oder waren das einfach Transkriptionsfehler Handkes?

Die Literaturwissenschaftler Alwin Binder und Heinrich Richartz gehen in ihrer Einführung in die Gedichtanalyse davon aus, dass eben jene Analyse zwingend voraussetzt, dem Text zu unterstellen, dass er „künstlerisch vollendet“ sei und somit „nichts Zufälliges, sondern nur ‚Bedeutendes‘“[40] enthalte. Alle Beobachtungen werden folglich „semantisiert“ und „funktionalisiert“[41]. Bemerkenswerterweise hatte ich bei Dickis Versen – die ja viel eher die gängigen Kriterien eines Gedichtes erfüllen als Handkes Text – ursprünglich kei-

39 Kammler und Noack 2012, S. 6.

40 Binder und Richartz 1984, S. 14. Ähnliche Überlegungen finden sich bereits bei Juri M. Lotman: „Wir brauchen den Text jedoch nur als poetischen zu identifizieren, und sofort tritt die Präsumption in Kraft, daß alle in ihm vorkommenden Geordnetheiten einen Sinn haben“ (Lotman 1972, S. 161).

41 Binder und Richartz 1984, S. 14.

nen starken Impuls, ihn auf mögliche Bedeutungsdimensionen hin abzuklopfen. Vermutlich weil er mir bei aller Merkwürdigkeit in seiner Funktion bzw. Funktionslosigkeit relativ eindeutig erschien. Durch die genaue Beobachtung habe ich aber auch hier ein durchaus tieferes Verständnis gewonnen. Wie bei vielen Kindergedichten wird ein semantisch vager, aber unstrittig derber Inhalt in ein durch Reim und Rhythmus streng geordnetes Versgewand gekleidet, durch das der „anarchische Quatsch" wie lautlich legitimiert wirkt.[42] Dickis Gedicht wirkt dabei tatsächlich *invariant,* d. h. formvollendet. Würde man auch nur eine Silbe verändern, verlöre es wohl seine freche Ausdrucksstärke.

totale Bedeutsamkeit

Für die tiefergehende Analyse scheint es daher ratsam, „dem allzu schnellen Verstehen einen Widerstand entgegensetzen"[43]. Die Unterstellung einer „totalen Bedeutsamkeit" erweist sich für ein Gespräch mit dem Text in der Regel nämlich als sehr produktiv, weil sie dazu auffordert, den eigenen Beobachtungsaufwand zu intensivieren, vielfältige Fragen an den Text zu stellen und Hypothesen aufzuwerfen und gegebenenfalls auch wieder zu verwerfen, falls sie nicht zu anderen Befunden passen. Da es aber auch Gedichte gibt, die auf Träumen basieren, die im Rausch oder Zufallsexperiment entstanden oder die von ihren Autoren schlichtweg nicht bis in letzte Details durchdacht worden sind, kann die Unterstellung einer totalen Bedeutsamkeit auch zu Überinterpretationen führen.

Rezeptionsmodi und Anschlusshandlungen

Ist es womöglich dieser Umgang oder „Rezeptionsmodus", der ein Gedicht ausmacht? Gelegentlich liest man tatsächlich, dass Gedichte konstitutiv einer mehrfachen, intensiven, analysierenden Lektüre bedürften.[44] Andernorts heißt es wiederum, Gedichte müssten gerade affektiv gehört, sinnlich erfahren und eben nicht „krampf-

42 Rühmkorf kommentiert diesen vermeintlichen Widerspruch zwischen der strengen Form und dem derben Inhalt des Kindergedichts wie folgt: „Noch das plumpste Bemühen um Reim und rhythmische Gliederung verweist auf die Schranken, die die Ungezogenheit sich setzt. Noch der rüdeste Anstandsverstoß respektiert im Versmaß ein höheres Ordnungsprinzip" (Rühmkorf 1967, S. 61).

43 Spinner 2008, S. 12.

44 Pielow 1978, S. 39.

haft" (über-)interpretiert werden.[45] Man kann sogar beide Rezeptionsmodi kombinieren, indem man den Text zunächst unbefangen und affektiv auf sich wirken lässt und danach reflektiert, wodurch der entstandene Eindruck wohl erweckt wurde und somit dem berühmten Diktum des Schweizer Germanisten Emil Staiger folgen, „daß wir begreifen, was uns ergreift."[46] Grundsätzlich sind wohl auch andere Rezeptionsmodi denkbar, vor allem aber auch vielfältige Anschlusshandlungen vom Auswendiglernen bis hin zum Konsultieren von Sekundärliteratur zu Autor, Werk, Epoche, usw. Die Lyrikdidaktik schlägt vor allem diverse „produktionsorientierte" Anschlusshandlungen vor, sei es den Text mit Musik zu untermalen, ihn pantomimisch umzugestalten[47] oder mehrere Texte zu einem eigenen Gedichtbuch zusammenzustellen, usw.[48] Inwieweit man sich einem Text dadurch annähert oder doch eher von ihm entfernt, wird sich wohl von Fall zu Fall ent- und unterscheiden. Mir selbst leuchten am ehesten solche produktionsorientierten Anschlusshandlungen ein, die die poetologischen Verfahren der Gedichte kopieren oder variieren (etwa ein selbstgereimtes „Schnöttel! Döttel! Schweineköttel!").[49]

Jeder Text ein Gedicht?

Aber braucht man für diesen Rezeptionsmodus überhaupt einen eindeutig als Gedicht bestimmbaren Text? Aus meiner Sicht ließe sich tatsächlich jeder Text als Gedicht behandeln. Vor allem lässt sich stets sinnvoll seine sprachliche Ausgestaltung reflektieren, selbst wenn der eigentliche

45 Vgl. hierzu die berühmten Kritiken an Gedichtinterpretationen von Susan Sontag (Sontag 1966) oder Hans Magnus Enzensberger (Enzensberger 1982). Vgl. auch das spöttische Gedicht GEDICHTBEHANDLUNG von Bernd Lunghard.

46 Staiger 1953, S. 11.

47 Petra Anders schlägt dieses Vorgehen etwa für unser Beispielgedicht ZWEI SEGEL vor (Anders 2013, S. 9).

48 Vgl. etwa Kliewer und Kliewer 2002, S. 27. Vgl. auch die sinnvolle Unterscheidung von „Analyse und Mimese" des Literaturdidaktikers Ulf Abraham (Abraham 1996, S. 173 ff.).

49 Reiner Werner schreibt diesbezüglich enthusiastisch: „Es ist immer wieder verblüffend zu sehen, wie bei Schülern die Fähigkeit im Verständnis von Gedichten zunimmt, wenn sie anfangen, selber Gedichte zu schreiben. Der Einblick in die ‚Werkstatt' des Dichtens setzt bei Schülern nicht nur kreative Kräfte frei, sie macht sie auch sensibler für die Techniken, die andere Dichter, die großen zumal, bei ihren Gedichten angewendet haben" (Werner 2010, S. 67).

Urheber diese womöglich gar nicht bewusst gestaltet hat. Interessante Textgespräche gäbe es vermutlich überall zu führen, eben auch mit Mannschaftsaufstellungen, Kassenbons[50] oder Gebrauchsanweisungen. Sie alle haben auch eine Ästhetik, im Sinne einer wahrnehmbaren und mitwirkenden Sinnlichkeit; ob man sich dieser nun bewusst wird oder nicht. Aber sind deshalb nun alle Texte Gedichte? Sicherlich nicht, wenn der Status „Gedicht" im Sinne einer Qualitäts-Auszeichnung und Würdigung ästhetischer Brillanz „verliehen" bzw. „verdient" werden muss, aber das scheint mir für ein unbefangenes Textgespräch ohnehin eine schlechte Prämisse zu sein.

Proto-Gedichte

Offensichtlich gibt es recht unterschiedliche Vorstellungen davon, was ein Gedicht kennzeichnet und wie es zu sein hat. Sicher hängt das jeweilige Verständnis maßgeblich von eben jenem „Proto-" oder „Ideal-" Gedicht im eigenen Kopf ab, das unsere Erwartungen an ein Gedicht determiniert. Welcher Epoche oder welcher Untergattung gehört es an? Denkt man eher an Celans TODESFUGE, an ein Frühlingsgedicht von Hoffmann von Fallersleben oder eben an Dickis kleine Weihnachtsverse? Die bisher aufgeführten Kriterien wären demnach allesamt nur als Tendenzen[51] zu verstehen, die zudem auch historisch und kontextuell differieren.

Manche Texte sind aber für jedermann als Gedicht zu erkennen, wie eben jener von Conrad Ferdinand Meyer, der in diesem Buch als ständig befragter Gesprächspartner dient.

Zwei Segel

Zwei Segel erhellend
Die tiefblaue Bucht!
Zwei Segel sich schwellend
Zu ruhiger Flucht!

---

50 In diesem Zusammenhang sind Susann Körners Kassenzettel-Gedichte sehr zu empfehlen (Körner 2001).

51 Vgl. hierzu auch Müller-Zettelmann 2000, 67 f.

Wie eins in den Winden
Sich wölbt und bewegt,
Wird auch das Empfinden
Des andern erregt.

Begehrt eins zu hasten,
Das andre geht schnell,
Verlangt eins zu rasten,
Ruht auch sein Gesell.

Zwei Segel

Hier wird augenscheinlich beinahe jedes genannte und erdenkliche Kriterium eines Gedichtes erfüllt: Von der deutlichen Versstruktur, zu den Reimen, zum irgendwie „gefühligen“ Inhalt, zur konventionell „poetischen“ Sprache mit ihren bedeutungsschwangeren *Segeln* und *Winden,* usw. Der Text erscheint mir als solches Ideal-Gedicht, dass er selbst den bis hierhin so deutlich erscheinenden Widerspruch aufzulösen vermag, zwischen der angeblich notwendig suggestiven, unvermittelt wirksamen „Musikalität“ von Gedichten und ihrer angeblich ebenfalls notwendigen Hermetik und Widerständigkeit. Er wirkt nämlich irgendwie sangbar, melodisch und subtil und zugleich auch etwas kryptisch, anspruchsvoll und bedeutungsoffen.

Daraus ergibt sich auch, dass die Beantwortung der eingangs gestellten Frage, woran man denn ein Gedicht nun eindeutig als solches erkennen kann, für ein Gespräch mit dem Text von ernüchternd nachrangiger Dringlichkeit zu sein scheint. Die Frage „Ist das ein Gedicht?“ beantwortet sich mit einem unaufgeregten „ja“. Glücklicherweise sind uns beim Versuch einer Beantwortung etliche spannendere Fragen begegnet, die sich durchaus zu stellen lohnen, z. B.:

- Wovon handelt der Text?
- Wie ist er formal gestaltet?
- Wer äußert ihn?
- Welche Situation referiert er?
- Wann ereignet er sich?
- Welche Vokabeln und Sprachregister werden benutzt?

- Wie gebraucht er die Sprache?
- Mit welchen poetischen Verfahren und nach welchen Anordnungsregeln wurde er verfasst?
- Welche Assoziationen weckt er?
- Wie verhalten sich seine unterschiedlichen „Kanäle" zueinander?
- Hat er eine Zweitbedeutung? Und wenn ja, welche?
- Welche Funktionen erfüllt er?
- Welche Sprechakte stellt er aus?
- Wird er gehört oder gelesen?
- In welchen Kontext gehört er und in welchem wird er geäußert?
- Wie wirkt er auf mich?
- Wie gehe ich mit ihm um?
- usw.

Fragen dieser Art erweisen sich im Umgang mit Texten erfahrungsgemäß als durchaus anregend. Natürlich ist nicht jede für jedes Gespräch gleich produktiv und je nachdem, welche man stellt, entwickelt sich eine unterschiedliche Gesprächsdynamik. Häufig ist es sinnvoll, sich vom eigenen Erkenntnisinteresse leiten zu lassen, manchmal allerdings auch, ein paar Fragen „ins Blaue hinein" zu stellen.

Erstverständnis

Zu Beginn empfehle ich stets, sich seines Erstverständnisses des Textes bewusst zu werden, grundsätzliche Verständnisprobleme mit einzelnen Wörtern auszuräumen (etwa mittels Lexikon und Wörterbuch) und erste Beobachtungen und Auffälligkeiten festzuhalten. Offensichtlich handelt es sich um einen Text über zwei Segelboote in einer Bucht, die sich vom Wind getrieben stets gleichartig bewegen. Bereits beim ersten Lesen wittere ich zudem eine „heimliche" Metaphorik, nach der die Segel wohl stellvertretend für zwei Menschen stehen; womöglich um zwei in enger Beziehung zueinander. Um das Gespräch mit dem Text nicht enden zu lassen, bevor es überhaupt begonnen hat, notiere ich mir ein paar Fragen, die sich für mich aus meinem Erstverständnis ergeben, z. B.: Wieso handelt der Text von zwei Segelbooten, wenn es doch anscheinend um Menschen geht? Wie kommt der Eindruck einer zweiten Bedeutungsebene zustande? Um was für eine Art von Beziehung handelt es sich? etc. Diese möchte ich im Laufe des Gesprächs mit dem Gedicht nach Möglichkeit klären. Dabei muss ich allerdings aufpassen, mein Erstverständnis nicht allzu selbstbewusst als einzig mögliche Verständnismöglichkeit anzunehmen und dabei Unverständlichkeiten und Ambiguitäten zu übersehen. Oft ist es sehr hilfreich und ergiebig, auch andere nach ihrem Ersteindruck zu befragen und den Kreis der Gesprächsteilnehmer zu erweitern. Vielleicht haben diese einen wesentlich anderen Ersteindruck, der sich produktiv abgleichen ließe.

In einem zweiten Schritt versuche ich in der Regel, den Text inhaltlich zusammenzufassen. Mein Angebot für die erste Strophe lautet knapp: *Zwei Segelboote fahren in eine Bucht.* Bei näherem Hinsehen muss ich mich (und den Text) allerdings fragen, wieso ich so selbstverständlich davon ausgehe, dass es sich um zwei Boote handelt. Könnte mit den zwei Segeln nicht auch ein Boot mit zwei Masten bezeichnet sein? Denkbar wäre auch, dass es sich nur um ein Boot mit einem Segel handelt, das sich im Wasser spiegelt und dadurch die zuvor dunkle Wasseroberfläche erhellt. Wenn ich Studierende nach ihren Vorstellungen befrage, geben in Regel etwa genauso viele ein wie zwei Boote an. Gegenüber meiner Inhaltsangabe ließe sich auch einwenden, dass das (die) Boot(e) nicht einführe(n), sondern sich bereits in der Bucht befände(n) oder gar unmittelbar davor stünde(n) aufzubrechen. Für die „Einfahrtshypothese" spricht der Vorgang des Erhellens (Z. 1): die zuvor dunkle Bucht wird demnach durch die eben auftauchenden (womöglich weißen) Segel erhellt und damit der Ankunftsmoment markiert. Auf der anderen Seite scheint mir der Vorgang des „sich zur Flucht Schwellens" (Z. 3) als Marker des unmittelbar bevorstehenden Aufbruchs. Warum dieses merkwürdige Changieren zwischen Ankunft und Abfahrt?, notiere ich mir als offene Frage an den Text.

Inhaltsangabe

Die Inhaltsangabe der beiden Folgestrophen birgt für mich indes weniger Diskussionsstoff und lautet in etwa: *Beide Segel verhalten sich jeweils synchron, d. h. sie wölben sich im Wind jeweils genauso stark oder schwach bzw. bewegen sich genauso schnell oder langsam wie das andere.* Mit diesen Erstbefunden auf dem Zettel widme ich mich meinem ersten Beobachtungsaspekt: der sprachlichen Medialität.

3. Sprache als Medium

Wenn ich im Gespräch mit dem Text mein Sprachbewusstsein schulen und die Wirkungsweisen der Sprache reflektieren möchte, brauche ich zunächst eine Vorstellung davon, was Sprache überhaupt ist und was sie kennzeichnet. Natürlich sind auch hierzu zahllose Definitions- und Betrachtungsweisen im Umlauf. Ich beschränke mich in der Folge auf ein Verständnis von Sprache als *Medium*, das sich in der Praxis als sehr anschaulich und produktiv erwiesen hat.[1]

Der Begriff des Mediums

Der Begriff lenkt den Blick auf den Aspekt der Vermittlung selbst und damit auf das, was gemeinhin durch das primäre Interesse am Vermittelten (also der Botschaft) in den Hintergrund rückt. Für weite Teile der Medienwissenschaften legitimiert sich diese Prioritätenverschiebung dadurch, dass die Botschaft ja erst durch das jeweilige Medium geschaffen wird, also quasi eine Erscheinung und damit eine Existenz erhält. Marshall McLuhan, einer der einflussreichsten Pioniere in diesem Feld, postulierte diesbezüglich bereits 1964: „Das Medium ist die Botschaft."[2]. Und dennoch betont der Begriff des *Mediums* immer auch dessen Mittelbarkeit und damit auch seinen genuinen Abstand zum Vermittelten.

Medialität

Im Folgenden werde ich einige (wenige) Aspekte der spezifischen *Medialität* von Sprache erörtern, d. h. signifikante Kennzeichen ihrer operativen Verfahren zur Vermittlung und Generierung von Information. Sprachliche Medialität unterscheidet sich dabei erheblich von anderen Medialitäten, insbesondere etwa von primär visuellen (wie z. B. Fotografien), weshalb ich Formulierungen wie „Sprachbilder" oder „bildhafte Sprache", wie sie im Umgang mit Gedichten häufig verwendet werden (siehe Kap. 1), vermeide.

---

1 Für eine konsequentere Behandlung der Sprache als Medium wirbt vor allem der Sprach-, Medien- und Kulturwissenschaftler Ludwig Jäger. Dieser skizziert die Sprache als das „Archimedium" schlechthin, d.h. als das Medium, das erst die strukturelle Basis für „alle anderen in der Kulturgeschichte entwickelten Medientechnologien" stellt (vgl. Jäger 2013, S. 11).

2 McLuhan 1992 [1964], S. 17.

Ein Gedicht, das diese Medialität der Sprache zu thematisieren scheint, ist Gottfried Benns EIN WORT. Es entstand 1941 und wurde 1948 im Band STATISCHE GEDICHTE veröffentlicht.

Ein Wort

Ein Wort, ein Satz –: aus Chiffren steigen
erkanntes Leben, jäher Sinn,
die Sonne steht, die Sphären schweigen,
und alles ballt sich zu ihm hin.

Ein Wort – ein Glanz, ein Flug, ein Feuer,
ein Flammenwurf, ein Sternenstrich –
und wieder Dunkel, ungeheuer,
im leeren Raum um Welt und Ich.

Erstverständnis

Der Text, – so zumindest mein etwas unsicheres Erstverständnis – handelt davon, wie aus Schriftzeichen („Chiffren") eine Vorstellung erwächst („Sinn"). Diese kann dem Anschein nach so stark sein, dass sie für einen kurzen Moment, den ansonsten offenbar (sinn-)leeren Raum „um Welt und Ich" zu erleuchten und damit zu erfüllen vermag.

Medientransparenz

Für Gedichte ist es nicht ungewöhnlich, von der Sprache zu handeln und somit das eigene Medium explizit zu thematisieren, weshalb sich diesbezüglich viele von ihnen als „Gesprächspartner" eignen würden. Auch herrscht bei Gedichten häufig die Tendenz vor, die Sprache durch einen außergewöhnlichen Sprachgebrauch zu exponieren und die Grenzen ihrer darstellerischen Möglichkeiten auszuloten (siehe Kap. 1). Der Literaturwissenschaftler Rüdiger Zymner erkennt gar das wesentliche Merkmal von Texten der Gattung Lyrik darin, dass diese als „Display sprachlicher Medialität"[3] fungierten. Damit „arbeiten" entsprechend gestaltete Gedichte in gewisser Hinsicht gegen das gemeinhin unterstellte Bestreben jedes Mediums, sich möglichst „hinter" seinem

3 Zymner 2009, S. 139.

Inhalt oder seiner Botschaft verborgen zu halten. Zumeist bedarf es einer Veränderung oder Irritation der eigenen Rezeptionsgewohnheiten, um den Blick vom vermittelten Ertrag auf den Vermittlungsprozess und damit auf die Medialität zu lenken.[4] Sprache gilt dabei als besonders wenig wahrgenommenes, also vergleichsweise *transparentes* Medium, dessen Botschaften wir – unseren alltäglichen Denkgewohnheiten gemäß – intuitiv decodieren und verarbeiten.[5] Ein Wort will normalerweise wohl auch nicht in seiner Eigenschaft als Wort, d.h. als bedeutungstragendes Sprachzeichen betrachtet werden, sondern vielmehr in seiner Bedeutung als *Feuerwehr, Pflaumenkuchen* oder *Kabeljau.* Bei Benn erfahren wir nicht einmal, welchem Wort genau hier diese geradezu übernatürliche Sinngenese gelingt. Ist es etwa *irgend*-ein Wort, also potentiell jedes?

(Un-)Bestimmtheiten

Das Medium Sprache kennzeichnet, dass es einige Informationsaspekte sehr bestimmt vermittelt, während es andere völlig unbestimmt lässt. Könnte man mit einem Foto oder Film etwa ein Phänomen so darstellen, dass es gleichzeitig absolut eindeutig als Wort erkennbar ist (nicht etwa als Krickelei oder sinnlose Zeichenfolge), und doch nichts darüber verraten, um welches Wort es sich handelt; wie lang oder kurz es ist, mit welchem Buchstaben es anfängt, usw.? Die Fotographie eines geschriebenen Wortes würde wohl zwangsläufig vieles bestimmen, was der Text offenlässt. Vor allem würde es das Wort in irgendeiner Weise verorten, es kontextualisieren als Teil eines Geschehens, einer einmaligen Situation, die unendlich viele weitergehende Informationen bereithält, von denen der Text nichts weiß oder zumindest nichts verrät. Wie ist das Papier beschaffen (oder der Computerbildschirm?), auf dem das Wort erscheint; steht es alleine oder inmitten anderer Wörter? Welche Type oder Schrift wurde verwendet? Wie sind die Lichtverhältnisse?, usw. Bei unserem Text ist nicht mal klar, ob hier *eine* bestimmte Situation beschrieben oder eingefangen wird, in der jenes *eine* bestimmte Wort den (womöglich einmaligen) plötz-

4 Vgl. etwa Sibylle Krämer: „Medien werden ihrer Aufgabe umso besser ‚gerecht', je mehr sie sich selbst im medialen Vollzug neutralisieren, also unterhalb der Schwelle unseres Wahrnehmens bleiben" (Krämer 2004, S. 22). Vgl. auch den Begriff der „Transparent Immediacy" bei Bolter und Grusin 1999, S. 21.

5 Vgl. etwa Fehrmann und Linz 2004 oder Jäger 2004.

lichen „Sinnorkan" auslöst, oder aber ob eine generelle Aussage zu Worten getroffen wird, die potentiell (und immer wieder) dazu in der Lage sein können, in beschriebener Weise zu wirken.

konventionalisierte Information

Dieses Changieren zwischen allgemeiner und bestimmter Bedeutung ist ein markanter Wesenszug sprachlicher Medialität. Sprache arbeitet mit einem tendenziell begrenzten Repertoire an Wörtern, d. h. standardisierten, vom Kollektiv der Sprachnutzer einigermaßen verbindlich festgelegten Lautzeichen, die in unterschiedlichen Kontexten eindeutig identifizierbar sein müssen. Das Wort *Wort* „zitiert" also, selbst wenn es gekrakelt geschrieben oder nuschelig ausgesprochen wird, immer wieder das identische Lautzeichen /ɔʁt/. Mit diesem notwendig konstanten Lautzeichen korrespondiert nun ein ebenfalls einigermaßen konstantes Bedeutungsspektrum rund um eine definierte „Standardbedeutung". Das Wort *Wort* bezeichnet also relativ eindeutig eine sprachliche Einheit, genau wie das durchaus ähnliche Wort *Wirt* relativ eindeutig einen Gastronom bezeichnet (oder doch eher einen parasitär befallenen Organismus?). Sprachlich vermittelte Information ist dadurch immer schon konventionalisiert, d. h. naturgemäß stets einmalige Phänomene der Lebenswirklichkeit werden durch die Bezeichnung mit den immer gleichen Worten zum eindeutig identifizierbareren, allgemeinen Fall von *Wort*, oder *Wirt* oder *Feuerwehr*, usw.

Dass das Medium Sprache Informationen stets durch bereits vertraute Begriffe vermittelt, führt zu einer basalen „Innovationsbeschränkung". Genuin Neues kann durch Sprache womöglich gar nicht erfahren werden, weil es stets in etablierten Kategorien gefasst ist. Alle Vorstellungen, die in mir produziert werden, beruhen womöglich auf bereits vorhandenen, die lediglich aufgerufen werden. Der Bennsche Text thematisiert dieses Wiedererkennen bereits bekannter Information im Umgang mit Sprache m. E. sogar, indem er von „erkannte[m] Leben" (Z. 2) spricht. Folglich muss auch er seinen im Grunde wohl völlig einmaligen und unbeschreiblichen Moment der Sinndurchflutung letztlich mittels des vertrauten Vokabulars der Allgemeinheit vermitteln (Ob ihm das gelingt, mag jeder für sich entscheiden). Gleichzeitig demonstriert der Text einen gedichttypischen Ausweg aus dieser lexikalischen Beschränkung, indem er einen *Neologismus*, d.h. eine Wortneuschöpfung einführt, nämlich den „Sternenstrich“. Dieser ist offensichtlich ein *Kompositum* (zusammengesetztes Wort) aus zwei gebräuchlichen Substantiven, weshalb es auf mich wohl auch eine gewisse Vertrautheit ausstrahlt. Gleichzeitig fällt es mir durchaus schwer, mir das Phänomen „Sternenstrich“ konkret bzw. bildlich vorzustellen (vielleicht am ehesten als eine Art Meteorit mit Schweif). Es verleitet daher zu einer eher assoziativen oder symbolischen Rezeptionseinstellung gegenüber dem Text, wie sie für Gedichte typisch ist (siehe Kap. 1).

„Neue“ Informationen und spezifische Bedeutungen erhalten die konventionellen Wörter vor allem durch den Kontext; d.h. zum einen durch ihren jeweiligen Äußerungskontext und zum anderen durch den Textzusammenhang. Der Äußerungskontext bedingt etwa, dass dasselbe *ja*, das wir über den Tag hinweg als Füllwort hundertfach unbedarft in unsere Sätze einfließen lassen, vor dem Traualtar gemeinhin wesentlich an Bedeutung gewinnt oder dass dasselbe *ich*, von jedem verwendet wird und so auch jeden meinen kann. Der Textzusammenhang wiederum bedingt, dass die immer gleichen, bekannten und begrenzten Sprachzeichen zu einer unendlichen Anzahl von Wortfolgen kombiniert werden, die die Texte letztlich wieder individualisieren. Gebe ich bei Google etwa das Wort *Wort* ein, erhalte ich prompt über 98.100.000 Suchergebnisse aus allen möglichen Kontexten, in denen es verwendet wird. Gebe ich allerdings die Wortfolge „Ein Wort, ein Satz“ ein, werde ich geradewegs auf mein Benn-Gedicht verwiesen. Der französische Strukturalist Roland Barthes kommentiert den innovativen Umgang mit Sprache entsprechend wie folgt:

Kombinatorik

[M]an spielt mit einem außergewöhnlichen Gegenstand, dessen paradoxen Charakter die Linguistik oft hervorgehoben hat: stets gleichbleibend strukturiert und dennoch unendlich abwandelbar: etwa so wie das Schachspiel.[6]

6 Barthes 1992 [1973], S. 76.

Grammatik

Dennoch bleibt das Medium Sprache nicht nur durch die Konventionalität seiner Wörter beschränkt, sondern auch durch seine Anordnungs- und Flexionsregeln. Sprachnutzer kombinieren die bekannten Wörter in der Regel nämlich zu grammatikalisch korrekten Sätzen. Die gängigsten bestehen in der Basis aus einem Subjekt (als Aktanten) und einem Prädikat. Folglich tendiert das Medium Sprache in seiner Darstellung von Geschehen auch dazu, dieses als Reihung von Handlungen aufzubereiten und die Subjekte und ihre Tätigkeiten ins Zentrum der Wahrnehmung zu rücken. Bei unserem Gedicht fällt auf, dass solche konventionellen Sätze (mit handelnden Subjekten) nur in der ersten Strophe verwendet werden (der Sinn steigt, die Sonne steht, die Sphären schweigen, alles ballt sich), während die zweite Strophe komplett auf Prädikate verzichtet und damit den „Aufzählungsstil" fortführt, mit dem beide Strophen gleichermaßen beginnen. Wozu?

Linearität

Dieses „Aufzählen" wiederum repräsentiert in gewisser Hinsicht einen weiteren wesentlichen Zug des Mediums Sprache in seiner „Anordnungsmechanik", nämlich seine *Linearität.* Ein Text ist stets bestimmt durch die sukzessive und lineare Folge von Worten, was bedingt, dass in der sprachlichen Darstellung auch alle geschilderten Sachverhalte nacheinander benannt werden müssen. Entsprechend scheitert er geradezu substantiell darin, gleichzeitig ablaufendes Geschehen adäquat zu vermitteln.[7] Im Geschehen, das uns der Text (vermutlich) darstellen will, passiert vieles gleichzeitig, das wir nacheinander erfahren,[8] so z. B. das Stehen der Sonne und das Schweigen der Sphären. Die Reihenfolge, in der ein Text seine Worte setzt und damit auch seine Informationen übermittelt, lässt sich dabei stets hinterfragen und ausdeuten. So ist es vermutlich von Bedeutung, dass der Text das Wort „Wort" so prominent nach vorne setzt und zu Beginn der zweiten Strophe noch wiederholt und ebenso dass er ausgerechnet

7 Vgl. etwa Adam Bisanz: „Die Schwierigkeit konstituiert sich […] substantiell darin, wie man die Flut des zeitlich Simultanen und räumlich Ubiquitären (d. h. überall Verbreiteten, d. Verf.) in das dünne Rinnsal eines einzigen linear verlaufenden syntaktischen Fadens einschleust – gleichviel ob phonetisch artikuliert oder typographisch aufgezeichnet" (Bisanz 1976, S. 201).

8 Vgl. etwa Heringer 2011, S. 79.

auf dem bis dahin unerwähnten „Ich“ endet (ob es durch diese Position nun besonders betont oder besonders marginalisiert wird, sei mal dahingestellt).

implizites Äußerungssubjekt

Das Wort *Ich* scheint mir hier bemerkenswerterweise nicht als Personalpronomen eingesetzt worden, sondern wiederum eher in einer allgemeinen Bedeutung als „jedermanns Ich“ gemeint zu sein. Darüber hinaus gibt es in diesem Text (wie in jedem anderen auch) aber ein *implizites,* d. h. verstecktes Ich, nämlich jenes, dass die Wörter im Text geäußert haben muss. Wörter (als konkrete Laut- oder Schriftphänomene) sind ja nicht einfach so da, sondern müssen von irgendjemandem bewusst produziert werden, um in die Welt zu gelangen. Der Sprachphilosoph John Searle klassifiziert entsprechend jede Form der Sprachverwendung notwendig als „regelgeleitetes intentionales Verhalten“[9] einer Person und damit als Handlung (siehe Kap. 5). Schließlich kennzeichnet das Medium Sprache in seiner Linearität und seinem notwendigen „Geäußertwordensein“ auch eine Tendenz zur *Einstimmigkeit.* Ein Text präsentiert immer nur *eine* Zeichenfolge, genau wie ein Sprechapparat nur *eine* Stimme erklingen lässt und nicht mehrere gleichzeitig. Eine sprachliche Äußerung erscheint stets als das Ergebnis der Auswahl und Sortierung dieses einen Ichs.[10] Bei literarischen Texten wird die Einstimmigkeit allerdings häufig dadurch „unterwandert“, dass man ihnen einen fiktionalen Statuts zuerkennt. Dieser bedingt, dass Autor und Äußerungssubjekt unterschieden und damit entkoppelt werden, wodurch sich die Äußerung in gewisser Hinsicht „verdoppelt“. Bezogen auf unser Gedicht hieße das: Wir haben zum einen den Text als eine Äußerung seines Autors Gottfried Benn und zum anderen *gleichzeitig* als eine Äußerung jenes namenlosen, impliziten Ichs im Text. Beide Äußerungen sind zwar im Wortlaut identisch, aber eben Teil unterschiedlicher Kommunikationszusammenhänge: Der Autor „spricht“ zur Leserschaft, das Ich zu einem (ebenfalls namenlosen) Du im Text.

9 Searle 2007 [1969], S. 29.

10 Entsprechende Versuche ergeben, dass fast alle Probanden bei der Begegnung mit einem unbekannten und anonymen Text „einen und nur einen Autor“ *supponieren,* d. h. als selbstverständlich gegeben voraussetzen (Heringer 2011, S. 30).

Äußerungsrelevanz

Autoren haben in gewisser Hinsicht absolute Kontrolle darüber, welche der verfügbaren Sprachzeichen, in welcher Reihenfolge in ihren Texten auftauchen und welche nicht. Alle vorgefundenen Zeichen – so ließe sich demnach unterstellen – wurden bewusst gesetzt; ungenutzte Zeichen womöglich bewusst ausgelassen. Mit diesem Umstand gehen weitere Unterstellungen einher, die für ein Textgespräch von Bedeutung sein können, nämlich: der Äußernde hält die durch die Zeichen vermittelten Informationen für relevant und ausreichend vollständig,[11] zudem hält er seine Äußerung insgesamt für relevant (also äußerungswürdig), sonst hätte er sie ja gar nicht getätigt. Für ein Textgespräch schließen sich folglich viele Fragen nach der Wortauswahl an: Warum diese Wörter und nicht andere oder weniger oder noch mehr? Worin sieht ihr Verwender ihre Äußerungswürdigkeit und Relevanz? Wem gegenüber äußert er sie? Was sagt die Auswahl über den Äußernden aus? Die Unterstellung einer „totalen Bedeutsamkeit", die die Gedichtanalyse ausmacht (siehe Kap. 1), erscheint mir für den Umgang mit Texten dabei angemessener als bei anderen Medien. Wenn man etwa auf einem Foto im Hintergrund einen Vogel entdeckt, könnte dieser unbeabsichtigt ins Bild geraten sein, als Teil der Umstände des lebenswirklichen Geschehens eben. Wenn ein Vogel in einem Text erwähnt wird, muss dieser vom Textproduzenten hingegen bewusst dort platziert worden sein. Durch die Nennung erhält der Vogel unweigerlich Relevanz und gerät – zumindest für den Moment – in den Fokus. Bezogen auf unser Gedicht lässt sich etwa festhalten, dass ein Bild oder Film bei der Darstellung von Geschehen große Schwierigkeiten hätte, seinen Betrachtern die Information „die Sphären schweigen" adäquat zu vermitteln. Wir würden diese Sphären (was sich immer mit diesem recht kryptischen Begriff nun genau bezeichnet werden soll) vermutlich gerade wegen ihres „Schweigens" nicht wahrnehmen.

Behauptungspotenzial

Das Medium Sprache hat zudem – anders als viele andere Medien – die Möglichkeit und die Tendenz, Sachverhalte einfach zu *behaupten*. Unser Text behauptet z. B. einfach, dass die Sphären schweigen und ich bin überra-

11 Vgl. diesbezüglich auch die Konversationsmaximen der Qualität und der Relevanz von H. Paul Grice (Grice 1993 [1975]).

schenderweise bereit dazu, ihm zu glauben, ohne auch nur zu wissen, was genau diese schweigenden Sphären überhaupt sein sollen. Genauso schafft er einen „Flammenwurf" zumindest in meiner Vorstellung, einfach durch die Reihung einiger weniger Schriftzeichen. Im Grunde belegt und veranschaulicht er damit die „Evokationsmacht" der Sprache, die er selbst thematisiert. Indem die Sprache etwas benennt, schafft sie im Rezipienten (häufig recht konkrete) Vorstellungen, ohne großen Material- und Simulationsaufwand und ohne dass diese Vorstellungen etwas mit lebenswirklichen Tatsachen zu tun haben müssten. Sprache ist damit – ihrer konventionsbedingten Beschränktheit zum Trotz – ein wahres „Schöpfungs-Medium". Versteht man das Bennsche „Wort" als Anspielung auf den berühmten Anfang des Johannesevangeliums: „Im Anfang war das Wort und das Wort war bei Gott, und Gott war das Wort" ergibt sich eine Lesart des Textes, die sprachliche Schöpfung als Äquivalent von göttlicher Schöpfung skizziert.[12]

Informationsrudimente

Wie genau die evozierten Vorstellungen nun allerdings aussehen, entscheidet sich wohl in jedem Rezipientengehirn individuell; wenn auch sicherlich nicht beliebig. Sieht man wirklich einen Flammenwurf vor dem inneren Auge, spürt man womöglich gar seine sengende Hitze oder akzeptiert man (wie ich) eher informativ, dass der Text einen Flammenwurf benennt (und damit seine Existenz behauptet) und damit ohne sich eine konkrete Vorstellung über dessen physische Beschaffenheit zu machen. Ein Text liefert in seiner asituativen Informationspolitik letztlich immer nur „Informationsrudimente", die es selbstdenkend zu ergänzen gilt, um daraus *kohärente,* d.h. zusammenhängende Vorstellungen zu entwickeln. Häufig geschieht dies wohl auch ganz unbewusst auf Basis des eigenen Weltwissens, Erfahrungsschatzes und Sprachgebrauchs. Ich habe zum Beispiel direkt gedacht, dass das Wort, um das es geht, Teil des Satzes sein muss, der in der ersten Zeile gleich im Anschluss erwähnt wird. Mir scheint es, als würde ein Leseprozess beschrieben, bei dem ein Wort nach dem anderen rezipiert wird, wodurch sich Schritt für Schritt eben jener jähe Sinn entfaltet, zu dem sich alles hin ballt. Dass der Text dennoch auf dem

12 Vgl. Josuttis 1998.

titelgebenden *einen* also einzelnen Wort zu bestehen scheint, das jenen epiphanischen Sinnmoment initiiert, deute ich als Markierung eines bestimmten Erkenntnismomentes innerhalb des Lektüreprozesses. So ließe sich auch der geänderte Umgang mit Prädikaten von der ersten zur zweiten Strophe erklären. Prädikate suggerieren Prozesshaftigkeit und Dauer; der Verzicht auf eben diese führt zu einer empfundenen Beschleunigung der Ereignisse, wie sie hier effektvoll evoziert wird. Wort, Glanz, Flug, Feuer, Flammenwurf und Sternenstrich scheinen sich unmittelbar auseinander zu ergeben. Tatsächlich scheint es mir, als würde der entscheidende Moment im Bindestrich nach dem „Sternenstrich" (und damit nach der Wortneuschöpfung) in seiner Wirkungsdauer dann exakt terminiert und eingefangen und somit in gewisser Hinsicht gerade „jenseits" der Wortebene situiert. Mit dem „und" der Folgezeile setzt dann wieder der „gewohnte" Zustand von Dunkelheit und Leere ein.

Bei näherer Betrachtung wirken die Bezüge zwischen den Wörtern im Text auf mich allerdings doch sehr ambivalent. Ist das eingangs erwähnte Wort wirklich Teil des Satzes oder ist es womöglich bereits der ganze Satz? Und sind das erkannte Leben und der jähe Sinn (Z. 2) dasselbe oder zweierlei? Die Plural Verbform „steigen" suggeriert, dass mehrere „Aktanten" aus den Chiffren steigen (also Leben und Sinn), das Personalpronomen „ihm" in der vierten Zeile steht allerdings im Singular und könnte sich sowohl auf das Leben als auch auf den Sinn beziehen; oder sogar auf das Wort oder gar den Satz? Oder fallen Wort und Sinn im beschriebenen Moment gerade in eins und lösen dadurch gerade den fulminanten „Sinnorkan" aus?

Poetologische Lesart

Bei nochmaliger Lektüre der zweiten Strophe werde ich auf einmal verunsichert, ob es sich wirklich um einen Leseprozess handelt, der dargestellt wird. Flammenwurf und Sternenstrich wecken in mir eher Assoziationen an einen Schaffensprozess, also womöglich den Prozess des Dichtens, bei dem auf einmal jenes eine „magische Wort" erkannt und verwendet wird. Vielleicht erklärt sich diese Unsicherheit damit, dass der Schaffensprozess in der Dichtung in gewisser Hinsicht immer auch ein Leseprozess ist, weil dabei stets im vorhandenen Zeichenrepertoire der Sprache gesucht und damit „gelesen" wird. Das Gedicht wäre damit ein *poetologisches,* d.h. eines, das die Dichtkunst behandelt.

Zu diesem Zeitpunkt erscheint es mir sinnvoll, den Blick von diesem Text zu lösen und andere ins „Gespräch" einzubeziehen; andere Benn-Gedichte ähnlichen Inhalts etwa oder auch poetologische Gedichte anderer Autoren, die das Bennsche Schreiben womöglich beeinflusst haben (wie Rainer Maria Rilke oder Stéphane Mallarmé).[13] Da dies aber über den hier verfolgten Ansatz hinausgehen würde, lasse ich an dieser Stelle vom Benn-Gedicht ab, wohl wissend, dass es noch viele Unklarheiten aufzuklären gelte. Gerade die offenen Ambivalenzen werte ich als Analyseerfolg, da sie die Sprache in ihrer Medialität stets genuin bestimmen und sie aufgrund ihrer trügerischen Vertrautheit und Behauptungsgewalt dennoch häufig übersehen werden. Die Sprache ist in ihrer klaren Begrifflichkeit pseudo-genau, dabei kann sie ein lebenswirkliches Geschehen im Grunde nie darstellen, ohne es massiv zu verklären bzw. eben zu „versprachlichen". Auf einmal erhalten eigentlich gleichzeitig präsente Phänomene eine Reihenfolge; entstehen Lautbeziehungen zwischen völlig wesensfremden Entitäten (wie etwa der Reim zwischen „Ich" und „Sternenstrich").

Grundsätzlich kann Sprache eigentlich nur Sprache einigermaßen genau und überzeugend abbilden (etwa in Form von wörtlicher Rede). An diesem Meta-Text über Sprache zeigt sich aber auch ihr diesbezügliches Unvermögen, schließlich braucht sie zwei Worte um „ein Wort" überzeugend und verständlich darzustellen. Da die sprachlichen Informationsrudimente notwendig im Kopf der Rezipienten selbstdenkend ergänzt werden, ist eine gewisse Ambivalenz unerlässliches Kennzeichen ihrer Medialität und wird gerade in Gedichten gerne produktiv eingesetzt, um Bedeutungsspielräume zu eröffnen. Eine Interpretationspraxis, die glaubt auf Basis ihrer Deutungshoheit eindeutig zwischen einer richtigen und vielen falschen Lesarten Urteile fällen zu können, erweist sich demnach in der Regel als einzig richtig falsche.

Wie lassen sich unsere bisherigen Überlegungen und Befunde zur Medialität der Sprache nun aber für andere Textgespräche funk-

13 Viele mögliche Fährten hält etwa das Benn Handbuch bereit, dass ausführlich über „literaturgeschichtliche Kontexte und Benns Lektüren" informiert (Hanna und Reents 2016, S. 20 ff.).

tionalisieren, d.h. auch solche, bei denen die Sprache nicht explizit Thema ist (wie etwa ZWEI SEGEL)?

Zwei Segel

Wie bereits bei der Inhaltsangabe festgestellt (siehe Kap. 1), kann man sich etwa für die diversen Unbestimmtheiten im Text sensibilisieren, bzw. den eigenen unbewussten Ergänzungsprozess beobachten und zu plausibilisieren versuchen. Dabei erweist es sich wiederum häufig als sinnvoll, den eigenen Leseeindruck mit anderen Lesenden zu diskutieren. Neben der Anzahl der Boote oder dem potentiellen Ein- oder Ausfahren kann etwa über die Tageszeit diskutiert werden, die im Text keinerlei Erwähnung findet. Etwa die Hälfte der Studierenden gab an, dass das Geschehen bei Tag stattfindet, bei strahlendem Sonnenschein. Vermutlich ist dies die gewohnheitsmäßige Annahme, sofern nichts Anderweitiges vom Text angedeutet wird. Allerdings gab ein gutes Drittel an, sie gingen davon aus, das Geschehen fände in der Nacht bei Mondschein statt. Vielleicht suggeriert für sie das Erhellen im Text eine notwendige Dunkelheit. Auch die ruhige Flucht strahlt etwas von Heimlichkeit und Ruhe aus, die man wohl mit Nacht assoziieren könnte. Besonders interessant ist eine dritte Gruppe, die angibt, keine Vorstellung von der Tageszeit und den entsprechenden Lichtverhältnissen zu haben, einfach weil sie sich das durch den Text vermittelte Geschehen nicht in ein konkretes Vorstellungsbild übersetzen. Tatsächlich sind wir im Umgang mit Sprache gerne dazu bereit, – wider unsere lebensweltliche Erfahrung – Geschehen zu akzeptieren, das keiner (vollständigen) Situation zugeordnet ist und bemerkenswert unvollständige Informationen vermittelt; wie Boote ohne konkrete Erscheinung, Szenarien ohne Lichtverhältnisse und Buchten ohne Gestalt. Bei der Übertragung des Textgeschehens in ein Bild wäre wohl notwendigerweise vieles festzulegen, was in der Sprache offenbleibt. Dabei liegen in ihrer eigenwillig teilbestimmten Informationspolitik häufig große Wirkungspotentiale und ergiebige Analyseerträge.

Satz für Satz-Paraphrase

Um sich für die Informationspolitik des jeweiligen Textes zu sensibilisieren, bietet es sich an, die spezifische sprachliche Darstellung zu hinterfragen, indem man überlegt, wie sie alternativ hätte gestaltet werden können und was sich dadurch verändern würde. Eine bewährte Technik ist hierbei die *Satz für Satz-Paraphrase,* bei der die einzelnen Sätze dem eignen Sprachgebrauch und -empfinden gemäß umformuliert werden, um so – im Vergleich beider Versionen – auf Besonderheiten und Merkwürdigkeiten der ursprünglichen Formulierungen zu stoßen. Hierzu eignen sich auch Ersatz-, Umstell-, Weglass, Ergänzungs- und Klangproben.[14] Dabei wird häufig auch sinnfällig, ob der Text Ordnungsmustern unterliegt, die bestimmte Formulierungsentscheidungen plausibilisieren könnten, z. B. ein Reimzwang oder wiederholte Zeilenanfänge, etc. Ein Stück weit gilt es dabei also auch den Produktionsprozess nachzuvollziehen; wenn auch nur fiktiv. Auch bei der Paraphrase kann und sollte man wie bei der (eng. verwandten) Inhaltsangabe die eigene Version mit anderen Lesenden diskutieren, um ein Gefühl dafür zu entwickeln, inwieweit das eigene Textverständnis dem allgemeinen Leseeindruck entspricht.

Im Falle von ZWEI SEGEL stelle ich mir und dem Text etwa die Frage, warum von „Segel[n]" und nicht von *Booten* die Rede ist. Viele Interpretationen gehen wie selbstverständlich davon aus, dass es eigentlich um Boote geht, die stellvertretend durch das Segel bezeichnet werden, wohl weil Segel uns in der Regel nur als Bootsbestandteil begegnen. Dabei ist die Sprache in ihrer Vermittlung (und Behauptung) von Informationen nicht grundsätzlich an unsere Lebens- und Erfahrungswelt gebunden, sodass hier auch Segel ohne Boot eine Bucht erhellen könnten; oder auch Kuchen essen oder Kreise quadrieren, ohne dass dies notwendigerweise symbolisch verstanden werden müsste (siehe Kap. 1). Auch könnte durch den Segel-Begriff womöglich die Beobachterperspektive des Äußerungssubjektes gekennzeichnet werden, das von seiner Position aus nur die Segel erkennen kann. Dennoch gestehe ich mir ein, dass auch ich die beiden Segel im Kopf direkt zu zwei (Segel-)Booten ergänzt habe. Man nennt diese Technik der Benennung eines Phänomens durch einen Bestandteil in der Rhetorik *Synekdoche.* Diese Darstellungsweise ist dabei weniger medienspezifisch, als man meinen könnte. Bildmedien müssen häufig zwangsläufig Ausschnitte oder Details stellvertretend für Phänomene setzen, die sie in Gänze nicht abbilden können (z. B. fünf Soldaten anstelle einer ganzen Armee, o. ä.).

14 Vgl. Kammler 2009, S. 9.

Die Sprache hat hier in der Regel echte Darstellungsvorteile und kann etwa ganze Staaten oder Bevölkerungsgruppen gesamtheitlich benennen und damit evozieren. Die Wahl des Segel-Begriffs anstelle des (Segel-)Boot-Begriffs erscheint mir folglich durchaus relevant zu sein, weil er auf diesen Bestandteil fokussiert und dabei deutlich andere semantische Implikationen und Assoziationen hervorruft. Die Betonung des Segels lenkt den Fokus stärker auf die Mechanik des Segelns, während das Boot vielleicht eher Assoziationen der Reise und des Weges weckt, die die Bedeutung des Textes als *Allegorie* – d. h. als Text, der gesamtheitlich einen zweiten, metaphorischen Leseweg nahelegt – in eine andere Richtung lenken würde (etwa: *Das Leben als Reise*). Im Unterschied zum Boot ist ein Segel schlicht, da es nur aus einem (in der Regel weißen) Tuch besteht. Es dient dem Antrieb und ist somit essentieller Bestandteil bestimmter Boote; gleichzeitig ist es im Wortsinne abhängig vom Boot, an dem es befestigt ist, wie vom Wind, der eigentlichen Antriebskraft des Segels. Ein Segel ist damit in seiner Funktionalität – stärker als ein Boot – von einer bemerkenswerten Ambivalenz zwischen Aktivität und Passivität gekennzeichnet. Für die Lesart des Textes als Allegorie stellt sich zudem die Frage, welche Stellvertreterposition Segel und Boot denn einnehmen. Stehen die Segel für zwei Menschen, die entsprechend als unselbstständiger Bestandteil eines größeren Zusammenhangs [dem (den) unerwähnten Boot(en)] zu betrachten wären oder aber für einen Bestandteil der Menschen [ergo Boote], etwa deren phonetisch anklingende Seele?

Auffällig finde ich auch die merkwürdigen Partizip-Präsens-Verbformen, die sich nicht sinnvoll über den Reimzwang erklären lassen (denkbar wäre auch *erhellen/sich schwellen*). Durch diesen Kniff entzieht sich der Text allerdings der basalen grammatikalischen Anforderung, die Segel im Satz als Subjekte oder aber als Objekte einer Handlung festzulegen. Vielleicht sind die Partizipien daher eine grammatische Entsprechung dieser ambivalenten Dynamik zwischen Aktivität und Passivität, die das Segel auch in seiner Funktion als Antrieb kennzeichnet.

In der zweiten Strophe lässt sich eine ähnliche Beobachtung machen: Hier wird das erstgenannte Segel zwar grammatisch als aktiv bestimmt, semantisch wird aber auf den Wind als eigentlich handelnden verwiesen (eine alternative Formulierung wäre etwa: *Wie eins durch den Wind gewölbt und bewegt wird*). Das semantisch klare Abhängigkeitsverhältnis zwischen Segel und Wind ist überdies ein vom Text marginalisiertes. Im Zentrum steht offensichtlich eher das Verhältnis zwischen den Segeln, über das allerdings wiederum ambivalente Informationen vermittelt werden. In Strophe 1 werden sie gemeinsam als Handlungsträger (bzw. -Objekt) benannt und können folglich lexikalisch nicht unterschieden werden. Ab Strophe 2 werden zwar Handlungsträger im Singular benannt und grammatisch unterschieden, diese bleiben aber in der Bezeichnung und Unterscheidung der einzelnen Segel unbestimmt. Damit trickst der Text die durch die Linearität erzwungene, implizit wertende Reihenfolge der Textinformationen aus; da wir die Segel nicht bestimmt voneinander unterscheiden können, gibt es auch kein erst- und zweitgenanntes.

Selbst in der grammatischen Struktur der Satzgefüge bleiben die Abhängigkeitsverhältnisse zwischen den Segeln unbestimmt. Der Vergleichssatz in Strophe 2 markiert das Verhalten vom erstgenannten Segel nicht eindeutig als Ursache des Verhaltens vom zweitgenannten („Wie eins in den Winden / Sich wölbt und bewegt, / Wird auch das Empfinden / Des andern erregt.“). Auf Basis unseres Weltwissens erscheint es ohnedies plausibler, dass beide auf den Wind als eigentlichen Handlungsmotor reagieren. Die beiden Satzgefüge in Strophe 3 legen zwar eher eine konditionale, d. h. eine Abhängigkeit suggerierende Lesart nahe, lassen aber ebenfalls offen, ob das Verhalten des zweitgenannten Segels eine abhängige Reaktion auf die Bedürfnisse des erstgenannten ist (wofür die syntaktische Reihenfolge zu sprechen scheint) oder aber eine unabhängige Korrelation (wofür die semantische Plausibilität spricht). Durch die Modalverbwahl *(Begehren/Verlangen)* wird überdies die Intentionalität bzw. Souveränität des aktiv handelnden Segels subtil in Frage gestellt, da es dem Anschein nach nichts bewusst und kalkuliert fordert (das übliche Modalverb *wollen* würde dabei den freien Willen implizieren), sondern vielmehr selbst von einem (unkontrollierten) Verlangen/Begehren getrieben wird. Insgesamt wird der Text durch diese Begriffe stark emotionalisiert (siehe Kap. 4), was dafürspricht, die Beziehung, um die es vermeintlich geht, als Liebesbeziehung aufzufassen. Interessanterweise setzt diese Emotionaliserung erst etwa in der Mitte des Textes ein und leitet damit einen stilistischen Bruch ein. War der Text bis hierin ein plausibler Text über Segel, werden diese nun durch offen menschbezogene Formulierungen (wie „Empfinden“, „erregt“, „begehrt“, „Gesell“, etc.) so stark anthropomorphisiert, d. h. vermenschlicht, beschrieben, dass man die dritte Strophe im Grunde nicht mehr sinnvoll als Segeltext verstehen kann. Statt von einem allegorischen Text mit zwei möglichen Lesarten (einer expliziten als Segel- und einer impliziten als Menschen-Text), könnte man folglich auch von einer sukzessiven Metamorphose, d. h. Verwandlung, sprechen; sozusagen vom anfänglichen Segel (zweites Wort) zum finalen Gesell (letztes Wort), der nach heutigem Sprachempfinden[15] wiederum als Indiz taugt, die im Text verhandelte Beziehung eher als Freundschaft, denn als Liebesbeziehung zu deuten. Allerdings sind „Segel“ und „Gesell“ auch phonetische „Spiegelbegriffe“, bei denen lediglich *g* und *s* den Platz tauschen.[16]

Eine andere Formulierung, die mir auffällt, ist die „ruhig[e] Flucht“. Ist eine Flucht nicht gemeinhin eher durch eine existentielle Hast gekennzeichnet? Wozu diese Ambivalenz? Zumindest belegt die Formulierung erneut, wie durch Kombinatorik die basale Innovationshemmnis der Sprache überwunden wird. Wer „ruhig[e] Flucht“ googelt, trifft direkt auf unser Gedicht, das vermutlich diese spezifische Form von Flucht hier erst einführt.

15 Vgl. aus dem Etymologischen Wörterbuch des Deutschen: „Geselle, ahd. gisello ‚Wohn-, Hausgenosse, Freund‘ (9. Jh.), mhd. geselle, auch ‚Geliebte(r), Standesgenosse, Handwerksgeselle, junger Mann‘, mnd. geselle, mnl. gheselle, nl. gezel ist ein Kompositum zu dem unter Saal (s. d.) behandelten Substantiv. Es bezeichnet eigentl. den, ‚der den Saal (die Unterkunft) mit (einem) anderen teilt‘ (zur Bildung s. Bauer und Gefährte). Geselle wird als Bezeichnung für den gelernten, abhängigen Handwerker (seit dem Mhd.) heute durch Facharbeiter (s. Fach) ersetzt“ [http://www.dwds.de].

16 Vgl. Böning 1999.

4. Mündlichkeit und Schriftlichkeit

Anders als das vorangegangene Kapitel vermuten ließe, bleibt der linguistische Diskurs zur Medialität der Sprache zumeist auf die Unterscheidung von Mündlichkeit und Schriftlichkeit beschränkt, also auf die durchaus bemerkenswerte Tatsache, dass sich Sprache sowohl in Stimmlauten als auch in Schriftzeichen manifestieren kann. Dabei lässt sich zunächst festhalten, dass sprachlich vermittelte Information zu großen Teilen von der Wahl der Realisationsform unbelastet bleibt. Ob mir die Geschichte vom Rotkäppchen nun vorgesungen, zugebrüllt oder zugeflüstert wird oder ob ich sie in der ledergebundenen Gesamtausgabe, mit Wachsmalern auf eine Serviette gekritzelt oder in *Comic Sans* auf dem Smartphone lese, im Ergebnis bleibt die Kappe rot und der Wolf gefräßig. Mündliche und schriftliche Äußerungen rekurrieren letztlich nämlich auf dieselben „immateriellen" Sprachzeichen und rufen diese „lediglich" über unterschiedliche Kanäle auf. Beide folgen im Kern auch denselben Anordnungs- und Flexionsregeln, auch wenn sie diese notgedrungen unterschiedlich umsetzen. Linearität wird bei den Lautzeichen etwa dadurch umgesetzt, dass sie nacheinander realisiert werden (zeitlich) und bei den Schriftzeichen dadurch, dass sie neben- und untereinander angeordnet werden (räumlich). Dabei geht man gemeinhin davon aus, dass die Schriftzeichen insgesamt ein sekundäres System darstellen, das die Lautzeichen zu „imitieren" versucht.[1] Dies bedingt etwa, dass Schriftzeichen auch über lautliche Qualitäten verfügen und im Leseprozess tendenziell auch in Lautzeichen „rückverwandelt" werden.[2]

Dennoch bleiben Laut- und Schriftzeichen in ihrer Materialität offensichtlich hoch different. Sprachliche Lautzeichen sind Stimmlaute, die mit dem menschlichen Sprechapparat produziert und mit dem Ohr rezipiert werden. Schriftzeichen sind alphabetisch organisierte Graphemketten, die mit Werkzeugen (Stift/Tastatur) produ-

1 Vgl. z. B. Walter Ong: „Alle menschlichen Wesen besitzen eine Sprache, die ursprünglich immer als gesprochene und gehörte existierte und in der Welt des Klanges angesiedelt ist" (Ong 1987 [1982], S. 14).

2 Vgl. Weimar 1999.

I
I
I
I
I
I
I
I
I
I

I Dich aus dem Leben lösen

Zwei, drei Unterschriften – I die bindenden Verträge zu lösen, die Abmachungen, das Nötige –
Zwei, drei Koffer packen I sagen doch alle immer wieder diese Sätze:
Zwei, drei Menschen Bescheid I Schade, so ein Leben, wie schnell, so gut, so ein Guter,
Zwei, drei Stunden beerdigen I jetzt bei den Eltern, den Engeln, der liebe Gott ein Aug auf
Zwei, drei Minuten jedes weitere Jahr I alles, wart nur, der liebe Gott ein Aug, ein Zahn

Dich aus dem Leben lösen, | um Zahn dich ausgenagt aus der Weltstrickware
Ausschälen aus dem Mantel | Steh ich winkend, steh ich mit explodierendem Sinn
Das Vitaminreiche wegwerfen | eingefurcht in mir – contained im Plastikwännchen
Pfarrer sagt: in alle Ewigkeit | die Uhr, die Zähne vor der Kremation, sag ich Adieu
Du aus dem Leben: ab jetzt | mein ich: schade, ab jetzt du aus dem Leben
|
|
|
|
|
|
|

ziert und mit dem Auge gelesen werden. Während Stimmlaute im Moment ihrer Entstehung vergehen und daher flüchtig, ereignishaft und dynamisch erscheinen, haben Schriftzeichen eine stabile physische Präsenz. Stimmlaute werden von den (Schall-)Räumen, in denen sie geäußert werden, beeinflusst und vermitteln so Entfernungs- und Umwelteindrücke und erscheinen anders als Schrifttexte somit als Teil einer konkreten, unmittelbar gegenwärtig stattfindenden Kommunikationssituation. Dadurch kann ein durch Stimmlaute vermitteltes Geschehen auf die Rezipienten tendenziell auch präsenter und unvermittelter wirken, da die Schallwellen geradezu physisch ins Ohr dringen und die Hörerschaft einbeziehen, während ein Schrifttext außen vor bleibt und von den Rezipienten aktiv „erlesen" werden muss. Der Philosoph Wolfgang Welsch bestimmt das Hören entsprechend als „Sinn der Sozietät" und unterscheidet es vom Sehen als „Sinn der Individualität":

> Sowohl Hören wie Sehen sind Fernsinne, aber das Sehen ist der eigentlich distanzbildende Sinn. Das Sehen bringt die Dinge auf Distanz und hält sie an ihrem Ort fest. Es ist der objektivierende Sinn schlechthin. [...] Ganz anders das Hören, das die Welt nicht auf Distanz bringt, sondern einläßt. Während das Sehen ein Sinn der Distanz ist, ist das Hören einer der Verbundenheit.[3]

mediale Unterschiede

Dies führt allerdings wiederum dazu, dass lesende Rezipienten – stärker als hörende – Co-Produzenten des Textes werden. Sie legen etwa durch ihre Lesegeschwindigkeit dessen tatsächliche Dauer fest und damit auch die Rhythmik und Dynamik (siehe Kap. 9), indem sie die Schriftzeichen im Leseprozess der eigenen Vorstellung gemäß in Klänge rückverwandeln und individuell ergänzen; Aspekte, die bei Stimmlauten zum konkreten Datenbestand der Äußerung gehören.

Welchen Unterschied macht es nun, ob man einen Text hört oder liest? Dieser Frage möchte ich mich im Gespräch mit dem Gedicht DICH AUS DEM LEBEN LÖSEN von Nora Gomringer widmen. Es wurde erstmals 2008 in ihrem Gedichtband KLIMAFORSCHUNG abgedruckt

3 Welsch 2006, S. 34f.

und zudem eingelesen.[4] In beiden Versionen lassen sich spezifische Gestaltungsverfahren und Texteffekte ausmachen, die letztlich wohl nicht adäquat übertragen werden können.

Erstverständnis

Beide Versionen arbeiten mit demselben Wortmaterial und behandeln entsprechend wohl auch dasselbe Thema. Obwohl jeweils einiger Aufwand betrieben wird, um die Verständlichkeit des Textes zu erschweren, erscheint es mir doch recht eindeutig um einen Trauerfall zu gehen und darum wie ein solcher „abgewickelt" wird. Es ist von „beerdigen" die Rede, von zu lösenden „Verträgen", vom „Pfarrer" und von „Kremation". Der titelgebende Lösungsprozess klingt an mehreren Stellen durch Begriffe wie „Ausschälen" oder „ausgenagt" an.

Typographische Besonderheiten

Betrachten wir zunächst die gedruckte Fassung, die typographisch recht ungewöhnlich ausfällt. Die erste Irritation meiner Lesegewohnheiten besteht offensichtlich im Vertikaldruck. Sobald ich das Buch drehe, kann ich den Text einigermaßen unproblematisch rezipieren, allerdings fällt mir sofort jenes zusätzliche Schriftzeichen „|" auf, das in jeder Zeile zu finden ist und noch über und unter den Text fortgesetzt wird als eine Art „Strichellinie".[5] Welche Bedeutung oder Funktion hat sie?

Irritation der Leseanschlüsse

Zunächst einmal irritiert sie die Ordnung und arbeitet gegen die Statik des Druckbildes. Zudem trennt sie die Zeilen in zwei Abschnitte, unten und oben; bzw. – sobald man die Seite zum Lesen gedreht hat – links und rechts. Während sich in der ersten Zeile der rechte Teil noch einigermaßen schlüssig auf den linken beziehen lässt (d.h. Unterschriften werden getätigt, um die Verträge zu lösen, zudem enden beide Teile mit einem Spiegelstrich) und man folglich eine konventionelle Lesereihenfolge vermutet, stößt man doch spätestens zwischen der zweiten und dritten Zeile darauf, dass eine lineare Lesart durch den Trennstrich gestört und unterbrochen wird. Sinnvolle Text-

4 Die Lesung ist auf der Homepage des utb-Shops zu hören [http://www.utb-shop.de/9783825250355].

5 In technisch-mathematischen Zusammenhängen wird dieses Schriftzeichen als *Verkettungszeichen* bezeichnet und erfüllt dort je nach Disziplin verschiedene Funktionen.

anschlüsse findet man eher auf der jeweils eigenen Seite der Folgezeile. Der Teil links oben gewinnt dabei an Kohärenz durch die Wiederholung des Zeilenanfangs „Zwei, drei“ und liest sich zunächst wie eine skizzenhafte „to-do-list“. Da dieses Gestaltungsprinzip auf der Folgeseite allerdings nicht eingehalten wird – der Text mit der Wiederholung des Titels vielmehr neu einzusetzen scheint – könnte man hier von einer weiteren Trennlinie ausgehen, die den Text folglich viertelt. Der Teil oben rechts besteht dann mehrheitlich aus Fragmenten jener Sätze, die „alle immer wieder“ sagen, also Gemeinplätzen der üblichen Trost-Rhetorik bei Trauerfällen. Hier besteht allerdings ein klarer Anschluss zur unteren Texthälfte, da dort das *Zahn um Zahn*-Bibelzitat komplettiert wird. Allerdings machen Begriffe wie „ausgenagt“ oder „Weltstrickware“ schnell klar, dass nun kein typischer Kondolenz-Diskurs mehr zitiert wird. Insgesamt werden die Anschlüsse in den unteren Abschnitten noch verworrener, auch weil die linke und rechte Seite zwischendurch wieder stärker zu korrespondieren scheinen. Das „Ausschälen aus dem Mantel“ wirkt auf mich etwa wie ein Äquivalent des rechtsseitigen „ausgenagt aus der Weltstrickware“; die Uhr wie eine unmittelbare Reaktion auf die linksseitige „Ewigkeit“. In der letzten Zeile werden die Worte „Du aus dem Leben: ab jetzt“ dann zu einem abschließenden „ab jetzt du aus dem Leben“ getauscht, was man in der Rhetorik als *Chiasmus* bezeichnet. Es wirkt, als würde das verquere Anordnungsprinzip des Textes hier noch einmal ausgestellt. Eine Viertelung wird diesem Textgewirr also doch nicht vollends gerecht und beantwortet auch die Frage nicht, wieso die vier vermeintlichen „Strophen“ nicht einfach in Blöcken nacheinander angeordnet wurden. Woher weiß man welcher Teil auf welchen folgt? Gibt es überhaupt eine „verbindliche“ Lesereihenfolge?

Irritation der Hörgewohnheiten

Die Lesung des Gedichtes folgt nun eigenen Irritationsmechanismen, die zu denen des Schrifttextes allerdings in Teilen korrespondieren. Schnell wird klar, dass die graphische Trennung, die im Schrifttext durch die Trennlinie markiert wird, in der Lesung durch die Stereoaufnahme umgesetzt wird. Was auf der linken Seite steht, erklingt aus der linken Box, was rechts steht erklingt rechts. Dadurch wird ein physischer Raumeindruck produziert und die Schallquelle[n] unterschiedlich verortet. Die Lesung hat nun auch eine konkrete

Dauer von 40 Sekunden und ist damit wesentlich kürzer als mein, von vornherein beeinträchtigter Lektüreversuch. Die linke Tonspur beginnt, der (im Schrifttext rechtsseitig platzierte) Titel wird verlesen, unmittelbar anschließend setzt dieselbe Stimme (wider mein Erwarten) von rechts mit dem rechtsseitigen Teil der ersten Zeile ein. Danach erklingt wieder die Stimme von links und verliest den linksseitigen Teil, worauf sich die linke und rechte Tonspur bis zur Mitte der dritten Zeile abwechseln. Dann setzt die linke „verfrüht" ein (mit „zwei, drei Menschen Bescheid") und beide Tonspuren erklingen fortan gleichzeitig, wodurch es beinahe unmöglich ist, der Lesung ohne Textkenntnis und bei nur einmaligem Hören zu folgen.

Deutungshypothese

Schrift- wie Hörtext nutzten also medienspezifische Verfahren, um ähnliche Effekte zu generieren. Sie „verstoßen" gegen basale Anordnungsregeln im Zeichengebrauch (siehe Kap. 2), vor allem dem der Linearität und der Einstimmigkeit und erschweren so die Verständlichkeit massiv. Diesen Umstand deute ich nun dahingehend, dass für die Hinterbliebenen durch den Tod existentielle Grundordnungen erschüttert werden und verschiedene Anforderungen, Gefühle und Impulse gleichzeitig auf sie einwirken, ohne dass sie fähig wären, diese adäquat zu verarbeiten. Vielmehr folgen sie in der Schockstarre der Trauer mechanisch den rituellen und institutionellen Abläufen einer Bestattung (Vertragslösung, Kremation, Beerdigung), ohne sie zu hinterfragen oder ihnen emotional „gerecht zu werden".

Tempogestaltung der Lesung

Was mir erst durch die Lesung auffällt, ist dass die linke Seite deutlich weniger Text enthält. Die Dimension Zeit wird hier zu einem notwendig zu berücksichtigenden Gestaltungs-Aspekt, der eine starke Dynamik entwickelt. Dies wirkt sich auf die Lesung dahingehend aus, dass sich die linke Stimme am Zeilenende immer wieder kurze Pausen gönnt, während die rechte hastend Zeile an Zeile reiht. Allerdings setzt sie innerhalb der Zeilen dann doch zwei Pausen, die der Schrifttext gar nicht indiziert; einmal nach dem „dich" der 6. Zeile (an dieser Stelle wurde in der Lesung der „Zahn" getilgt und dafür das „dich" wiederholt) und einmal nach „contained" (wobei der Spiegelstrich des Schrifttextes eher zu einer Lesepause vor dem Wort anregt). Am Ende „muss" die linke Stimme ihre letzte Zeile dann auch drei Mal wiederholen, um mit dem Text der rechten Seite gleichzuziehen und das signifikante „ab jetzt" der letzten Zeile[n] völlig synchron auszusprechen und die Lesung letztlich doch wieder zu harmonisieren. „Du aus dem Leben" steht dann doch als klares Ergebnis des Textes am Ende und damit die grammatische Variante des „Dich aus dem Leben lösen" des Anfangs. Das fehlende Partizip *gelöst* mag man sich entweder hinzudenken oder als Indikator dafür verstehen, dass der Auslösungsprozess eben doch noch nicht abgeschlossen ist. Der im und durch den Text vollzogene Lösungsprozess erscheint so – je nach Lesart – als final vollendet oder eben als unvollziehbar, wobei man die Tatsache, dass der Text „auf rechts" endet, nachdem er „auf links" begann, womöglich als symbolträchtige mediale Entsprechung des Übergangs vom Leben in den Tod deuten kann.

Die Entwicklung vom zu lösenden „Dich" zum gelösten „Du" lässt sich natürlich beim Schrifttext genauso beobachten. Dennoch scheint mir dieser gerade mit seinem zusätzlichen, nicht adäquat artikulierbaren Trennlinienzeichen eine eigene, folglich medienspezifische Pointe zu setzen. Die Linie, die den Text spaltet und sich tatsächlich zusehends räumlich von ihm zu entfernen scheint (d.h. die Abstände zu den Worten werden zum Ende hin größer), setzt sich nämlich über den Text hinaus fort und auch vor diesem ein. Man könnte dies dahingehend ausdeuten, dass das Leben (oder vielleicht die Seele o.ä.), in die „postverbale" Sphäre übergeht und dort weiterexistiert, so wie sie zuvor der „präverbalen" Sphäre entsprang. Auch erinnert die Linie optisch an eine Naht, die sich immer weiter zu lösen scheint, wodurch das Gewebe-Motiv, das schon in der „Weltstrickware" anklingt, hier graphisch adaptiert wird.

Darstellungseigenarten von Schrift- und Hörtext

Ein ganz anderer Effekt ergibt sich für mich wiederum durch das dreifach wiederholte „ab jetzt" der Lesung, das den finalen Ablösungszeitpunkt immer wieder neu terminiert und dadurch womöglich doch noch einmal in Frage stellt, ob die finale Ablösung überhaupt vollzogen wird.

Der vielleicht entscheidendste Unterschied zwischen sprachlichen Laut- und Schriftzeichen liegt wohl in ihrer *Urheberreferenz.* Schriftzeichen (insbesondere in gedruckter Form) geben zunächst keinen materiellen Hinweis darauf, wer sie produziert hat. Bestimmte Textsorten wie z. B. Gesetzestexte, Gebrauchsanleitungen, Lexikonartikel oder auch Zeitungsberichte können gar den (irrigen) Eindruck vermitteln, sie seien von niemandem geschrieben worden, sondern als vermeintlich neutrale Botschaften einer objektiven Instanz ohne Urheber in der Welt. Anders verhält es sich bei gesprochenen Äußerungen, die notwendig stimmlich intoniert werden und dadurch stets auf die Sprechenden als Urheber rückverweisen, sie geradezu körperlich präsent erscheinen lassen und beinahe unwillkürlich auch Vorstellungen über sie provozieren. Die Stimme ist dabei als individuelles Schallprofil einer Sprechinstanz beschreibbar, das teilweise direkt von deren körperlicher Beschaffenheit abhängt. So erklärt Reinhard Meyer-Kalkus:

> In der Stimme verkörpert sich die ganze Person: Inneres und Äußeres, Körperliches und Geistiges, Zeichenträger und Bedeutung sind hier untrennbar aufeinander bezogen. Die Subjektivität eines Menschen scheint sich in seiner Stimme unmittelbar auszusprechen, viel direkter als in Mimik, Gestik und Haltung.[6]

Urheberreferenz

Die Stimme verleitet zu unterschiedlichsten Rückschlüssen auf den Urheber, wie dessen (ungefähres) Alter, Geschlecht, emotionale Befindlichkeit oder auch ethnische Zugehörigkeit.

Das Stimmprofil der Lesung verrät uns etwa, dass es sich bei der Äußernden um eine erwachsene Frau handelt (tatsächlich liest die Autorin selbst), die alle Textsegmente spricht. Vor allem erfährt man aber, dass es sich um dieselbe Stimme handelt, die also zwei Mal erklingt. Dieser Umstand macht die Lesung so befremdlich, weil dieselbe Person logischerweise nicht gleichzeitig von zwei Positionen im Raum aus sprechen und vor allem noch Unterschiedliches sagen kann. Hierin mag die Lesung nun einen besonderen Moment der Entfremdung markieren. Die (trauernde) Frau scheint auf unnatürliche Weise nicht mit sich selbst identisch zu sein oder sich zumindest nicht so zu fühlen.

6 Meyer-Kalkus 2001, S. 33.

Stimmprofil

Auch die emotionalen Indikatoren der Sprechweise charakterisieren die Sprecherin. Statt konventioneller Trauerindikatoren wie ein unterdrücktes Weinen, ein gebrochenes Stottern oder ein leierndes Klagen, spricht die Frau überraschend emotionsneutral, beinahe apathisch; vielleicht um ihre emotionale Überforderung zu markieren. Diese passt natürlich zu dem Umstand, dass der Text insgesamt weniger von expliziten Trauergefühlen handelt, als von scheinbaren Marginalien des Bestattungsvollzugs wie zu packenden Koffern oder Plastikwännchen. Zur Verbalisierung der eigenen Trauer steht am Ende wohl nur ein profanes und beinahe ungelenk wirkendes „schade" zur Verfügung, das zudem noch der eigentlich abgenutzten Trost-Rhetorik der Vorzeilen entnommen ist.

Mögliche Äußerungssubjekte im Schrifttext

Schrifttexte legen ihre Äußerungssubjekte weit weniger konkret fest, auch wenn Rezipienten tendenziell geneigt sind, einen Text einem einzigen, konstanten Äußerungssubjekt zuzusprechen (in diesem Fall zumindest Nora Gomringer als Autorin). Allerdings wäre es hier durchaus denkbar, verschiedene Textsegmente verschiedenen Sprechern zuzuordnen, schon weil sie sich stilistisch so stark unterscheiden und auch weil der Text keine kohärente Lesereihenfolge vorgibt. Hätte man gedacht, dass dieselbe Person, die anfangs unaufgeregt und pragmatisch die „to-do's" aufzählt, an anderer Stelle von „Weltstrickware" und „explodierendem Sinn" sprechen würde? Letztere Formulierung, die sich sowohl auf die eigenen Wahrnehmungsorgane als auf die Sinnhaftigkeit an sich beziehen kann, bricht in beiden Versionen stark hervor und bewirkt daher für mich einen vergleichbaren, spracheigenen Knalleffekt wie Benns „Sternenstrich" (siehe Kap. 2). In der Lesung wird die Formulierung entsprechend auch besonders stark betont akzentuiert. Mit dem „Pfarrer" wird sogar noch ein weiterer konkreter Sprecher benannt und eingeführt. Zudem gibt es das bemerkenswerte Äußerungssubjekt „alle", das viele unterschiedliche Sprecher zu einem generischen, letztlich unbestimmten Mischsubjekt komprimiert (ein Effekt, der so wohl nur durch das Medium Sprache evoziert werden kann). Man hätte sich für die Lesung an dieser Stelle auch eine vielstimmige Umsetzung vorstellen können. So markiert sie deutlich, dass die

Sprecherin hier andere Sprecher zitiert und damit das von diesen Geäußerte wiederholt.

Texthinweise auf das Sprecherprofil

Beim Schrifttext ist man also stärker als bei der Lesung darauf angewiesen Textindikatoren zu erkennen, wenn man Rückschlüsse auf ein Sprecherprofil ziehen will (siehe Kap. 6). Die Tatsache, dass die Sprechinstanz überhaupt für die Abwicklung der Bestattung zuständig ist, indiziert etwa, dass es sich vermutlich um einen nahen Angehörigen und erwachsenen Nachkommen handelt. Auch die Anrede des Verstorbenen mit Du weist auf ihr Nähe-Verhältnis hin, etc.

konzeptionelle Mündlichkeit/Schriftlichkeit

Neben der medialen Unterscheidung zwischen Mündlichkeit und Schriftlichkeit (also zwischen Laut- und Schriftzeichen), kennt die Linguistik auch eine *konzeptionelle,* d.h. dass sich auch der Sprachgebrauch in mündlichen und schriftlichen Kommunikationssituationen tendenziell unterscheidet. Dabei geht man davon aus, dass Mündlichkeit in der Regel in anderen Kommunikationssituationen eingesetzt wird als Schriftlichkeit, was sich stilistisch auswirken kann. Die wesentliche Unterscheidung besteht in der situativen Eingebundenheit bei der mündlichen bzw. der situativen Entbundenheit beim schriftlichen Konzipieren. Wer spricht – so die allgemeine Unterstellung – befindet sich zumeist in einer konkreten Kommunikationssituation, die er mit den Rezipienten gemein hat und kann etwa auf den geteilten Wahrnehmungsraum verweisen. Sprecher müssen in diesem Situationsdruck nun spontan und frei formulieren, was sich etwa in Versprechern, Hasplern, Wortwiederholungen, Gedankensprüngen, der Verwendung von Füllwörtern oder Umgangssprache niederschlägt. Von solchen unmittelbaren „Spuren der Gedankenbildung“[7] sind schriftlich konzipierte Texte in der Regel befreit. Sie entstehen zumeist unter situationsentlasteten Konzeptionsbedingungen mit Abstand, Ruhe, Reflexion und Kontrolle und ermöglichen somit tendenziell auch größere Komplexität, Präzision und Variabilität im Ausdruck.[8]

7 Schwitalla 2006, S. 35.

8 Vgl. wiederum Wolfgang Welsch über das Schreiben: „Es ordnet, distanziert und beherrscht die Welt. Überdies kann es seine Gegebenheiten stets nachprüfen, kontrollieren. Denn da seine Objekte dauerhaft sind, kann es ein zweites oder drittes Mal auf sie zurückkommen“ (Welsch 2006, S. 39).

fingierte Mündlichkeit

Die Konzeptionsbedingungen müssen allerdings nicht prinzipiell zu der medialen Umsetzung korrespondieren.[9] So gibt es diverse Mischformen wie etwa bei der Kommunikation im Chat, bei der schriftliche Äußerungen unter situativen Druck verfasst werden oder abgelesene Reden, die zuvor situationsentlastet konzipiert wurden. Bei Gedichten ist in der Regel davon auszugehen, dass sie unter schriftlichen Konzeptionsbedingungen verfasst wurden, d. h. bis zur Vollendung überarbeitet und für die situationsfremde Rezeption intendiert wurden. Dennoch nutzten sie vielfach Stilmittel, die auf eine mündliche Kommunikationssituation hinzuweisen scheinen, d. h. Mündlichkeit *fingieren.*[10] Der Text suggeriert etwa in Teilen eine mündliche Anrede des Ichs an den Verstorbenen. Auch Formulierungen wie „sag ich“ und „mein ich“ sind für die Schriftsprache stilistisch untypisch, ähnlich wie das „jetzt“, das als temporaler Verweis eigentlich eine situative Verortung braucht, um Bedeutung zu tragen.

Eine interessante Mischform stellt die „to-do-list“ da. Die Liste ist grundsätzlich eine genuin schriftliche Textsorte (sogar eine, die eine vertikale Leserichtung ermöglicht) und das Auflisten von zu erledigenden Aufgaben eine typisch schriftsprachliche Praxis des Ordnens und Fixierens. Die ungenaue, bagatellisierende Mengenangabe „zwei, drei“ erscheint für einen Schrifttext aber stilistisch ungewöhnlich. Es ist unwahrscheinlich, dass jemand diese Formulierung tatsächlich auf einen Zettel schreibt. Der Abschnitt wird so m. E. als Gedankenrede erkennbar; und zwar als eine, die bemüht ist, die zu erledigenden Aufgaben klein und lösbar erscheinen zu lassen und die doch der genuinen Schriftfunktion des Ordnens und Fixierens entsprechen soll.

Die Fingierung von mündlichen Konzeptionsbedingungen bewirkt stets auch den Eindruck situativer Verschränkung, d. h. den Eindruck, das Geäußerte werde im Rahmen einer konkreten, aktuellen Kommunikationssituation geäußert. In der Lesung wird dieser Eindruck noch verstärkt. Allerdings würde das skizzierte Geschehen, das anscheinend zumindest eine komplette Beerdigung umfasst, in diesem Falle lediglich 40 Sekunden dauern. Für mich erscheint

9 Vgl. etwa Koch und Oesterreicher 1985, S. 17.

10 Vgl. etwa Goetsch 1985, S. 202.

dieser Widerspruch zwischen der stilistisch suggerierten Situationsverschränkung und der offensichtlich verkürzten Darstellungsdauer einer verfremdeten Zeitempfindung der trauernden Person zu entsprechen. Die Zeit scheint an dieser vorbeizurasen, wobei unterschiedliche Stimmen im eigenen Kopf zeitgleich die Abläufe kommentieren; eine versucht, die nötigen Erledigungen im Blick zu behalten und versichert, dass diese nicht überfordernd sein werden, eine andere registriert den Trostdiskurs, wenn auch nicht vollständig, eine andere beobachtet distanziert den Bestattungsvollzug, eine andere versucht, im (letztlich fiktiven) Gespräch mit dem Verstorbenen, die eigenen Gefühle zu artikulieren und scheitert darin. Alternativ ließe sich die asynchrone Darstellungsweise auch dahingehend ausdeuten, dass die verschiedenen Ereignisse (Kremation, Beerdigung, Trostdiskurs, etc.) bereits vergangen sind und lediglich in der Erinnerung vergegenwärtigt werden und neue Präsenz gewinnen.

Unabhängig davon, welche Deutung man nun vertritt, erweist sich die Reflexion von Mündlichkeit und Schriftlichkeit in diesem Fall als sehr produktiv. Wie aber verhält es sich bei unserem Segel-Gedicht? Hier erscheint sie mir zunächst wenig ertragsversprechend. Augenscheinlich handelt es sich um einen völlig konventionellen Schrifttext, der seine graphische Dimension, d.h. sein Druckbild nicht ungewöhnlich und damit womöglich auch nicht bedeutungstragend einsetzt; zwölf Zeilen, drei Strophen, das war's. Allerdings fällt mir nun doch der Ausrufezeichengebrauch in der ersten Strophe auf, den ich bei meinen ersten Lektüren geflissentlich überlesen habe. Diese Schriftzeichen sollen wohl Auskunft geben, wie der Text zu lesen und damit stimmlich zu intonieren ist. Von meinen Studierenden ist bisher allerdings niemand auf die Idee gekommen, die Zeilen beim Vorlesen zu rufen, obwohl sich durchaus Kontexte erdenken ließen, in denen die Ankunft (?) von zwei (?) Booten in eine Bucht ausgerufen werden könnte.

Zwei Segel

Das Ausrufezeichen könnte hier dazu dienen, ein mediales Defizit der Schrift auszugleichen, nämlich das der Urheberreferenz. In diesem Fall mag es also die Funktion haben, eine gewisse emotionale Erregtheit des Äußerungssubjektes zu indizieren, die man dem Text ansonsten nicht unbedingt anmerkt. Eher scheint mir der Text sein Äußerungssubjekt regelrecht verbergen zu wollen, etwa indem er auf das Personalpronomen Ich verzichtet. Die Abwesenheit einer deklamierenden, der Äußerungsinstanz eindeutig zuzuordnenden Stimme ist für diesen Effekt sicher förderlich. Für die Lesart des Textes als Liebesgedicht erscheint mir dieser Negativbefund durchaus interessant zu sein, weil das Äußerungssubjekt ungewöhnlicherweise hier anscheinend nicht als Teil der Beziehung auftritt, sondern außenstehend und doch bewegt von dieser berichtet. Zudem bleibt das Geschlecht des Äußerungssubjektes im Schrifttext unbestimmt.

5. Wortgruppenbildung

Wie bereits festgestellt (siehe Kap. 2) bestehen Gedichte in aller Regel aus Wörtern und damit aus standardisierten sprachlichen Einheiten. Ein Wort vereinigt in sich unterschiedliche Eigenschaften, die sich grundsätzlich separat beobachten lassen. Es hat etwa eine bestimmte Lautgestalt, trägt bestimmte konventionelle Bedeutungen in sich, regt zu bestimmten Assoziationen an und ist auf eine bestimmte Art grammatisch flektiert. Es kann uns aus unterschiedlichen Zusammenhängen vertraut sein und damit auf unterschiedliche Sprachregister, Paralleltexte, Gattungen oder Äußerungssituationen verweisen. In der Auseinandersetzung mit einem Text erweist es sich häufig als sehr produktiv, das Wortmaterial ein bisschen „aufzuräumen", d. h. zu prüfen, ob sich bestimmte Worte aufgrund ihrer Eigenschaften, anderen zuordnen lassen und damit Gruppen bilden.

Gruppierungsverfahren dieser Art tauchen in der Lyrikanalyse unter unterschiedlichen Namen auf. Mal ist von *Wort-*, *Bedeutungs-* oder *Bildfeldern,*[1] mal von *Paradigmen* und mal von *Isotopien* die Rede,[2] wobei die unterschiedlichen Begriffe durchaus unterschiedliche Aspekte fokussieren können. Zur näheren Bestimmung unterschiedlicher Wortordnungsbegriffe sei daher auf das wissenschaftliche Feld der *Lexikologie,* d. h. der Wortlehre, verwiesen.[3] Für unseren Kontext erscheint der simple Begriff der *Wortgruppe* aber ausreichend.

Bei der Wortgruppenbildung bestimmen wir unsere Ordnungskategorien grundsätzlich selbst. Dabei gilt es, von Text zu Text zu entscheiden, welche Kategorien analytischen Ertrag versprechen. Auch sollten wir uns darüber im Klaren sein, dass wir durch die Auswahl häufig bereits eine Deutungsrichtung forcieren. Grundsätzlich eignet sich die Methode der Wortgruppenbildung für sehr unterschiedliche Analysetypen und ermöglicht „harte" Textoberflächen-

1 vgl. etwa Binder und Richartz 1984.

2 vgl. etwa Müller 2011. Der Begriff der Isotopie ist vor allem in der strukturalistischen Textanalyse gebräuchlich und geht auf den Semiotiker Algirdas Greimas zurück (Greimas 1971).

3 z. B. Cruse 2002.

Befunde (wie: die Worte *Decke* und *Kamin* gehören zur Kategorie *Wörter mit fünf Buchstaben*), genau wie die Systematisierung von assoziativen Leseeindrücken (wie: *Decke* und *Kamin* gehören zur Kategorie *Geborgenheit*). Selbstverständlich kann dasselbe Wort dabei auch mehreren Kategorien zugeordnet werden.

potentielle Kategorien

Die bewährtesten Ordnungskategorien sind sicher konkret semantischer Natur. Man sucht etwa Oberbegriffe, unter denen sich mehrere Worte zusammenfassen ließen (z. B. *Tisch* zusammen mit *Stuhl* und *Schrank* zur Kategorie *Möbel*), gemeinsame Bedeutungsaspekte oder „Themen", die in unterschiedlichen Wörtern anklingen (z. B. *Tisch* zusammen mit *Kartoffeln* und *hungrig* zur Kategorie *Mittagessen*). Genauso sinnvoll kann es aber sein, grammatikalische Ordnungskriterien in den Blick zu nehmen, um etwa festzustellen, ob ein Text besonders viele Passiv-Konstruktionen verwendet oder Pronomina, etc. Phonetische Kategorien (z. B. Worte mit *-k* und *-ck* -Lauten) helfen indes bei der Beschreibung der Klangeigenschaften eines Textes. Auch stilistische Kategorien können gute Analysedienste leisten: Gibt es etwa mehrere Worte, die einer bestimmten Sondersprache zugehören (z. B. medizinische Fachsprache, schwäbischer Dialekt, etc.)? Oder viele Worte, die auf einen bestimmten Sprachduktus verweisen (z. B. hochgestochen, beschränkt, ausschweifend, etc.)?

Nutzen des Verfahrens

Die Methode kann auch dazu genutzt werden, Worte ausfindig zu machen, die gerade nicht zu den anderen zu passen scheinen (wie das Wort *contained* im Gomringer-Gedicht [siehe Kap. 3]). Auch lädt sie ein, zu hinterfragen, welche Wortgruppen im Zusammenhang mit dem Thema des Textes denn erwartbar gewesen wären, um so auf spezifische Formulierungsentscheidungen zu stoßen. Vor allem kann sie dazu dienen, latente Bedeutungsebenen aufzudecken, Argumente für die Hypothesenbildung zu sammeln und nachzuvollziehen, wie ein Text unterschwellig Assoziationen weckt. Entsprechend wollen wir die Wortgruppenbildung nun an einem Beispielgedicht erproben, das aufgrund seiner eigenwilligen Sprache besonders unzugänglich erscheint: ernst jandls WIEN : HELDENPLATZ.

wien : heldenplatz

der glanze heldenplatz zirka
versaggerte in maschenhaftem männchenmeere
drunter auch frauen die ans maskelknie
zu heften heftig sich versuchten, hoffensdick.
und brüllzten wesentlich.

verwogener stirnscheitelunterschwang
nach nöten nördlich, kechelte
mit zu-nummernder aufs bluten feilzer stimme
hinsensend sämmertliche eigenwäscher.

pirsch!
döppelte der gottelbock von Sa-Atz zu Sa-Atz
mit hünig sprenkem stimmstummel.
balzerig würmelte es im männechensee
und den weibern ward so pfingstig ums heil
zumahn: wenn ein knie-ender sie hirschelte.

Erstverständnis

Als ich das Gedicht das erste Mal las, erging es mir nicht anders als den meisten meiner Kursteilnehmerinnen und -teilnehmer; ich hatte den Eindruck, absolut nichts zu verstehen. Offensichtlich verwendet der Text zum Großteil eigens kreierte Wörter und verstößt damit gegen basale Kommunikationsregeln, nach denen die verwendeten Zeichen bekannt und konventionalisiert sein müssen (siehe Kap. 2). Gut ein Drittel der 70 Wörter, aus denen das Gedicht besteht, waren mir komplett unbekannt.

Schon bei der zweiten Lektüre schien es mir aber bereits so, als basiere der Text auf einem „normal-sprachlichen", einigermaßen verständlichen Prätext, der lediglich auf bestimmte Art verfremdet wurde. Die erste Strophe könnte etwa lauten: *Der ganze Heldenplatz circa versank in massenhaften Menschenmeer, darunter auch Frauen, die ans* „?" (für das *maskelknie* fehlt auf Anhieb ein Ersatz) *zu heften heftig sich versuchten, voller Hoffnung und dabei brüllten.* Demnach geht es, dann doch relativ eindeutig, um eine Menschenmenge auf dem Wiener Heldenplatz.

Bei der zweiten Strophe fällt mir die potentielle Rückübersetzung schwerer. So etwas wie ein „verwegener Stirnscheitel" ist erkennbar, also eine markante Frisur. Jemand „kechelt" (vermutlich ein Äußerungsakt zwischen keuchen und hecheln) mit einer „aufs bluten feilzen" Stimme, also einer, die im Äußerungsakt wohl bedenklich strapaziert wird und damit werden sämtliche „Eigenwäscher" (womöglich so etwas wie Eigenbrötler) „hin[ge]sens[t]", also vermutlich niedergemacht.

In der dritten Strophe wird dieser Sprecher nun als „gottelbock" bezeichnet und erneut auf seinen überstrapazierten „Stimmstummel" verwiesen. Daraufhin scheint die Reaktion der Menschenmenge (die diesmal als „männechensee" bezeichnet wird) beschrieben zu werden, die „balzerig würmelt". Den wiederum explizit erwähnten Frauen wird dabei „pfingstig ums heil", was man wohl als noch zu spezifizierende Form der Ekstase verstehen kann.

Frage: Welche Funktion hat das poetologische Verfahren?

Aller Verständnisschwierigkeiten zum Trotz, lässt sich so doch einigermaßen zuverlässig eine Handlung destillieren, die darin besteht, dass jemand auf dem Wiener Heldenplatz vor einer großen Menschenmenge eine frenetisch gefeierte Rede hält. Wer historisch versiert ist, ahnt bereits, dass hier wohl auf Adolf Hitlers Rede zur Verkündigung des österreichischen Anschlusses im März 1938 verwiesen wird (bei der ernst jandl als damals Vierzehnjähriger selbst zugegen war). Doch auch uns anderen legt der Text eine relativ klare Fährte zu diesem Ereignis, indem er mit dem titelgebenden Wiener Heldenplatz eine *Realie* benennt, d.h. ein real-existentes, kulturell verortbares Einzelphänomen. Wenn uns solche Eigennamen in einem Text begegnen und wir sie nicht verstehen oder zuordnen können, sind wir selbst bei einer werkimmanenten Analyse genötigt, sie zur basalen Verständnissicherung nachzuschlagen, wodurch wir in diesem Fall schnell auf das entsprechende historische Ereignis gestoßen wären. Bezeichnenderweise ist dieses Toponym (d.h. dieser Ortsname) das einzige Wort(-paar) im Text, das der Gruppe der Realia zugeordnet werden kann (auch wenn aufmerksame Rezipienten sicher das „heil" als Zitat der omnipräsenten nazideutschen Grußformel ausmachen können, oder die beiden einzigen Großbuchstaben im Text *S* und *A* als geläufiges Kürzel der Sturmabteilung oder gar Hitler selbst entdecken, der sich im Buchstabenmaterial seines prägnanten Scheitels versteckt hält [„stirnscheitelunterschwang"]). Ich deute diesen weitgehenden Verzicht auf Realia (und damit womöglich histographische Akkuratesse) als bewusste poetische Entscheidung und frage mich folglich, warum dieses Ereignis in einer so verfremdeten Sprache dargestellt wird. Welche Effekte sollen dadurch erzielt werden? Und welchen Anteil haben die diversen Neologismen an diesem Effekt? Zur Beantwortung dieser Fragen gilt es zunächst, das poetologische Verfahren nachzuvollziehen, das zu diesem Text geführt hat.

poetologisches Verfahren

Der erste Neologismus „glanze" ist relativ eindeutig als Hybrid zweier, phonetisch verwandter Einzelworte zu erkennen, nämlich *Glanz* und *ganze.* Dem „normal-sprachlich" üblichen *ganze,* wird durch diese Verschmelzung also eine Bedeutungsebene zugefügt, d. h. ihm wird sinnbildlich „Glanz" verliehen.[4] Die anderen Neologismen sind für mich allerdings weit weniger klar zu entschlüsseln. Welche Worte mögen etwa die materielle Basis von „versaggerte" sein? *Versank* erscheint mir recht deutlich referiert zu werden, aber klingen nicht auch *versacken, versickern, versagen* und *sabbern* an? Andere Worte bleiben für mich zunächst ohne klaren Referenz-Begriff wie „maskelknie". Spielt dieser Neologismus etwa auf *maskulin* an oder auf das englische *muscle* (also *Muskel*)? Geht es um *Masken* oder *Massen* und welche Bedeutung hat das Knie, das uns in der letzten Zeile des Gedichtes im „knie-ender" erneut begegnet? Das Verfremdungsverfahren erhält dadurch auch den Charakter einer Beschädigung, da es ein Verständnis des Textes auf unmittelbarer Wortbedeutungsebene verhindert.

Der Text zwingt seine Rezipienten geradezu, den verfremdeten Worten assoziativ zu begegnen und das eigene Lexikon nach lautähnlichen Worten zu befragen. Entsprechend bestehen die meisten im Umlauf befindlichen Interpretationen im Wesentlichen aus Aufzäh-

4 jandl selbst schreibt diesbezüglich: „das ist ‚ganz' und ‚glanz' in einem, strahlende totalität" (jandl 1984 [1974], S. 228).

lungen der vielfältigen Assoziationen ihrer Verfasser.[5] Mittels Wortgruppenbildung kann diese assoziative Textbegegnung systematisiert werden. Zudem sensibilisiert die Methode für die Verwobenheit der Aspekte. Die verfremdeten Neologismen rufen gleichzeitig unterschiedliche „Standard"-Begriffe auf und können daher auch gleichzeitig in vielen unterschiedlichen Kategorien eingeordnet werden.

Kategorie: Ruhm, Pathos, Heldenverehrung

Eine mögliche semantische Kategorie, die etwa mit dem Wort „glanze" aufgerufen wird, ließe sich mit Oberbegriffen wie *Ruhm, Pathos* oder *Heldenverehrung* überschreiben. Hierzu passt dann auch der unmittelbar anschließende „held" (im „heldenplatz"), das „heften" (im Sinne einer Ordensverleihung), der *Muskel* und das *Maskuline* (im „maskelknie"), das potentiell *Verwegene* (in „verwogener") des Stirnscheitelunterschwangs, der im „hünig" anklingende Hüne und grundsätzlich auch das „heil", das dem Anschein nach verkündet oder gespendet wird. Zu diesem passen wiederum die Demuts- und Huldigungsgesten der Massen, wie sie im Knien („knie-ender"), Brüllen („brüllzten") und Hoffen („hoffensdick") aufblitzen.

Kategorie: Religiosität und Spiritualität

Mit dieser „Heilsbringung" berührt der Text nun wiederum verwandte semantische Kategorien rund um *Religiosität* und *Spiritualität*. So verbirgt sich im „gottelbock", der Bezeichnung für Hitler im Text, ein Gott. Pfingsten als christliches Fest der Entsendung und damit wohl auch Missionierung klingt an (in „pfingstig"), aber auch die germanische Mythologie; etwa mit „nördlich" oder im Hirsch, der sowohl durch das „hirscheln" als auch durch den „knie-ender" (analog zum Acht- oder Zwölfender bei der Geweihbestimmung) aufgerufen wird.

Kategorie: Animalität und Sexualität

Die Hirschfunde passen auch zum vielleicht auffälligsten semantischen Feld des Textes, das sich unter den Begriff *Animalität* subsumieren lässt. Es „würmelt" und „hirschelt" im Text, worin ich eine deutliche Anlehnung an vulgärsprachliche Ausdrücke wie *rammeln* und *vögeln*

5 Einen guten Überblick über die gängigen Lesarten der Neologismen liefert der Wikipedia-Artikel zum Gedicht, der die einschlägigsten Interpretationen entsprechend auswertet.

zu erkennen glaube. Anscheinend trägt die Veranstaltung Züge einer animalischen Orgie bzw. einer Balz (siehe auch „balzerig"), bei der gebrüllt, gegrunzt, gelechzt, gerülpst (alle in „brüllzten"), gekeucht, gehechelt, geröchelt (in „kechelte") und gesabbert (in „versaggerte") wird. Auch die Bezeichnung *Männchen* (in „männchenmeere" bzw. „männechensee") ist eine zoologische,[6] erinnert zugleich aber auch ans „Männchen machen", also ans gehorsame Parieren in der Hundedressur. Der „gottelbock" vereint als Alphamännchen, Dompteur und Zeremonienmeister dann sicher auch nicht zufällig zwei Tiere mit hohem (wenn auch zweifelhaftem) Balz-Renommee in sich; den aufgeplusterten Gockel und den geilen Bock.

Kategorie: Jagd

Die diversen Tieranspielungen ließen sich zum Teil allerdings auch einem Oberbegriff *Jagd* zuordnen, zu der der „gottelbock" sein berauschtes Auditorium durch sein programmatisches „pirsch!" aufzustacheln versucht und deren Opfer (wohl jene als „eigenwäscher" bezeichneten Individualisten und Andersdenkende) verfolgt und getötet werden sollen (etwa „hinsensend" oder „bluten feilzer"). Auf die tatsächlich folgenden genozidalen Praktiken der Nazis könnte der Text dann mit „maschenhaft" (als Gefangenschaft in den drahtumzäunten KZs) oder „zu-nummernd" (als Verweis auf die entindividualisierenden Häftlingstätowierungen) anspielen. Allerdings scheint der Text auch die Menge selbst als Opfer oder Beute einer Jagd zu markieren. Menschenfänger Hitler wirft im „männchenmeere" die Netze (in „maschenhaftem") und Köder (in „würmelte") aus. Das „knieender"-Geweih mag ihm als Trophäe dienen.

Kategorie: Verstellung und Rede

Unter dieser Prämisse fällt mir eine weitere Wortgruppe auf, die sich unter dem Begriff *Verstellung* kategorisieren ließe. Masche und Maske (in „maschenhaftem") spielen hier genauso hinein wie die in die Verwegenheit einmontierte Verlogenheit (in „verwogener") oder die Falschheit des Lächelns (sofern man das „kechel[n]" als solches auffasst) und der Stimme („feilz[e] stimme"). Letztere wird überdies gleich zweimal explizit erwähnt („stimme" und „stimmstummel"),

6 Interessanterweise finden sich mit „frauen" und „weiber" gleich zwei unverfremdete Bezeichnungen für das weibliche Geschlecht im Text.

was auf ihre große Bedeutung für die Inszenierung des heilbringenden „gottelbock[s]“ hinweist. Entsprechend wendet der Text auch fast die Hälfte seiner Zeilen für die Beschreibung dieses markanten Stimmeinsatzes auf und verrät (in ähnlicher Weise wie das Gedicht selbst) kaum etwas Konkretes über den Inhalt. Dabei wird mit „brüllzen“, „kecheln“ und „döppeln“ gleich ein ganzes Register von neuen Äußerungsverben eingeführt, die wohl den jeweils spezifischen Sound klangbildlich einfangen sollen.

Phonetische Kategorien

Um diesem Sound nun analytisch gerecht zu werden, kann die Wortgruppenbildung nach phonetischen Kategorien dienlich sein. So finden sich etwa überproportional viele [ts]-Laute im Text (z. B. „glanze heldenplatz zirka“), die ihm akustisch eine gewisse schneidende Bedrohlichkeit verleihen, genau wie Plosive ([p], [b], [t], [d], [g] z. B. in „**döppelte der gottelbock**“), die einen stotternden, „zungenbrecherischen“ Sprechrhythmus provozieren (siehe Kap. 9/10). Auch die vielen Stabreime (z. B. „**männchenmeere**“, „**heften heftig**“ oder „**stimmstummel**“) tragen zu einem entsprechenden akustischen Stolpereffekt bei. In der Lesung jandls wird die hierin angelegte Sprechrhythmusimitation des signifikanten „Führer-Duktus“ besonders ohrenfällig und erinnert stark an Charlie Chaplins Hitler-Parodie in DER GROSSE DIKTATOR.[7]

Grammatische Kategorien

Im Vergleich erscheint die Wortgruppenbildung nach grammatischen Gesichtspunkten wenig ertragsversprechend. Die Wortartenverteilung ist nicht ungewöhnlich; und auch syntaktisch wirkt der Text ausgesprochen konventionell. Gerade dadurch gelingt es ihm – aller semantischen Beschädigung zum Trotz – eine (wiederum irritierende) „Normalsprachigkeit“ zu simulieren und in Teilen verständlich zu bleiben. Auffällig sind für mich nur die Diminutive „männchen“ und „männechen“ als veralbernde Verniedlichungsformen von *Mann*.

Stilistische Kategorien

Zu diesem Befund passen wiederum etliche Formulierungen im Text, die die zunächst aufgerufene Sphäre des Erhabenen zu subvertieren scheinen. Bereits im

7 Jandls Lesung ist auf der Homepage des utb-Shops zu hören [http://www.utb-shop.de/9783825250355].

„versagger[n]“ klingt ein wenig glamouröses Versacken und Versickern an. Der große Volksheld besticht letztlich vor allem durch die markante Frisur. Sein animalisches, lediglich nach „nöten nördlich[es]“ „kecheln“ suggeriert genauso wenig echte Souveränität und Potenz wie sein „stimmstummel“. Als „gottelbock“ erscheint er zudem als verkappter Götterhirsch, der eher als störrischer und zugleich ungelenk trotteliger Bock oder aufgeputzter Gockel agiert und auch in seiner Äußerungsart – dem „döppel[n]“ – den Deppen (und den Göbbels?) bereits in sich zu tragen scheint. Aus diesem Kontrast zwischen Pathos und Lächerlichkeit gewinnt der Text eine eigene Stilistik, die dem Geschehen eine groteske Färbung verleiht.

Kategorie: Stofflichkeit

Auch Negativbefunde können analytisch nutzbar gemacht werden, etwa indem man festhält, dass gerade der „eigenwäscher“ (als naher Verwandter des Eigenbrötlers) nur schwer anderen Worten im Text zugeordnet werden kann, was womöglich seine isolierte Position in der faschistischen Gesellschaftsordnung unterstreicht. Der Aspekt des Waschens scheint mir bei näherer Betrachtung allerdings doch zu diversen anderen Worten im Text zu passen, die ebenfalls eine gewisse aquatische Qualität aufweisen wie das Meer (in „männchenmeere“), die Woge (in „verwogener“) oder der See (in „männechensee“). Zusammengenommen lassen sie das Ereignis als flutwellenartige Überbrandung und kollektive Gehirnwäsche erscheinen und verleihen dem Text eine Stofflichkeit bzw. „Flüssigkeit“. Eine solche „Konsistenz“ des Textes findet sich in Variation auch im „versagger[n]“ oder „würmel[n]“ wieder und evoziert eine geradezu spürbare morastige Schmierigkeit, die womöglich als heimlicher Leim des ideologischen Durcheinanders aus Heldenpathos, Aggression, Heilsversprechen und heimlicher Geilheit fungiert.

Im poetologischen Nachvollzug dieser rhetorischen Technik, bei der Inhalte zugunsten affektgeladener Hetze verdrängt werden, liegt für mich die wesentliche Funktion des hier verwendeten poetischen Verfahrens. Auch im heutigen „postfaktischen“ Zeitalter erscheint es mir als erstaunlich taugliche Backmischung für erfolgversprechenden Populismus auf Kosten von Andersdenkenden und Minderheiten. Andererseits lässt sich das poetische Verfahren hier auch als angewandter Antifaschismus verstehen. Durch die Ambiguität der Begriffe verweigert es sich der eindeutigen und unmissverständlichen Erschließung und damit einem Exklusivrecht auf Wahrheit wie es faschistische Ideologien beanspruchen.

Zwei Segel

Nun wollen wir die Wortgruppenbildungsmethode aber auch auf unser Segelgedicht anwenden. Mir fällt etwa die Vielfalt an Bewegung und Tempo indizierenden Vokabeln auf, wie „bewegt", „ruhiger", „Flucht", „hasten", „schnell", „rasten", „ruht" oder auch „Winden" (hier: homonym als „sich winden" wortspielerisch gedeutet). Dazu korrespondierend lässt sich auch ein deutlich erotisches/emotionales Wortfeld bestimmen, welchem Begriffe wie „erregt", „Begehrt", „Verlangt" aber auch „schwellend" und „wölbt" zuzuordnen sind. Dieser Befund lässt nun die Hypothese zu, dass es sich bei der im Text thematisierten Art von Beziehung vor allem um eine sexuelle handelt. Hierdurch lassen sich bisherige Befunde wiederum neu ausdeuten und hinterfragen: Wurde das Mittel der Allegorie als „Geheimrede" gerade eingesetzt, um ein Tabuthema (Sex) aufzugreifen? Steht der Wind in der Allegorie stellvertretend für die Libido? Spielt der Segel-Begriff stofflich auf ein (Bett-)Laken an? Beruht die Notwendigkeit zur Flucht womöglich auf einem Sittenverstoß? Legt sich der Text deswegen nicht eindeutig auf eine Boot-Anzahl fest, weil es im Sexualakt zu einer Vereinigung zweier Körper kommt? Als Indiz für letzteres mag eine weitere, deutlich präsente Wortgruppe im Text gelten, nämlich die Zahlwörter „eins" (3×) und „zwei" (2×).

Phonetische Kategorien

Phonetische Kategorien können helfen, bestimmte Rhythmuseffekte noch genauer zu erklären. Der Wiegerhythmus der zweiten Strophe (siehe Kap. 10) wird zum Beispiel phonetisch von einer Häufung des Konsonanten *w* begleitet und verstärkt. Im schnellen Teil der dritten Strophe wird eher mit kurzen Vokalen gearbeitet („andr[ə] geht schn[ə]ll"); im langsamen Teil eher mit langen („r[u!]t [au]ch s[ei]n").

Wiederum lassen sich aber auch Negativbefunde formulieren. So enthält der Text lediglich zwei Lexeme, die einer exklusiv „nautisch/maritimen" Wortgruppe zuzuordnen wären („Segel" und „Bucht"). Dies stützt m. E. die These, dass der Text als Segel-Text nicht befriedigend funktioniert und somit eine anthropomorphisierende Lesart geradezu einfordert.

6. Sprechverhalten

Äußerungen als Handlungen

Wenn wir davon ausgehen, das Sprachzeichen in aller Regel bewusst produziert werden und nicht zufällig entstehen (siehe Kap. 2), dann erscheint es folgerichtig auch legitim, die Sprachzeichenproduktion – egal ob schriftlich oder mündlich – als Handlung zu bestimmen, d.h. als bewusste und zielgerichtete Verhaltensform.[1] Handlungen sollen nämlich einen Zweck erfüllen und indizieren folglich auch eine entsprechende Intention der Handelnden, die wir uns nicht immer bewusst machen. Sprachliche Äußerungen nun als Handlungen wahrzunehmen und zu beschreiben (statt als Zeichen oder Repräsentationen) verhilft uns häufig zu einem alternativen analytischen Zugang, durch den neue Aspekte in den Blick geraten. Allerdings gilt es auch hierbei, potentielle Fallstricke und Fehlurteile zu bedenken.

Sprachliche Äußerungen als Handlungen zu betrachten führt uns ins Feld der linguistischen Pragmatik. Hier wurde auf der Basis von John L. Austins Sprechakttheorie ein breites Analyseinstrumentarium entwickelt, an dem wir uns methodisch orientieren können. Austin unterscheidet etwa zwischen dem Äußerungsakt an sich (dem *lokutionären Akt*) und den durch einen Äußerungsakt vollzogenen Sprechakt (*illokutionärer* bzw. *perlokutionärer* Akt).[2] Letzterem nähert man sich profanerweise am besten durch die Analysefrage: *Was tut jemand, indem sie oder er spricht?*

performative Verben

Zur Beantwortung dieser Frage steht eine Reihe von *performativen Verben* zur Verfügung, d.h. Äußerungsverben, die eine Äußerung als bestimmten und damit konventionalisierten Sprechakt ausweisen, z.B. ankündigen, auffordern, beantworten, befehlen, begrüßen, behaupten,

1 Vgl. etwa Tomasello 2009 [2008], S. 363.

2 Vgl. Austin 2005 [1962], S. 8f. bzw. 120ff. Illokutionäre Akte vollzieht man demnach bereits unmittelbar, *indem* man sich äußert (z.B. jemanden Warnen), perlokutionäre Akte hingegen ergeben sich als kausaler Effekt, *dadurch daß* man sich äußert (z.B. jemanden durch seine Warnung davon abhalten, etwas zu tun). Vgl. etwa Butler 1998 [1997], S. 31f., oder auch Searle 2007 [1969], S. 38ff.

bekräftigen, belegen, belehren, beleidigen, berichten, beschreiben, bezweifeln, bitten, danken, definieren, drohen, einladen, entschuldigen, erkundigen, erlauben, erläutern, ernennen, erpressen, erwidern, erzählen, feststellen, fragen, gratulieren, hinterfragen, huldigen, kritisieren, loben, prahlen, raten, referieren, relativieren, schimpfen, schlussfolgern, verallgemeinern, veranschaulichen, verleumden, verspotten, versprechen, warnen, widerlegen, wiederholen, zurechtweisen, usw.

Gelegentlich vollzieht sich ein Sprechakt bereits durch die Verwendung des entsprechenden performativen Verbs, etwa bei „Ich grüße dich!" Oder aber das Verb markiert eine Äußerung als spezifischen Sprechakt, etwa bei „Ich befehle dir, dein Zimmer aufzuräumen." In den meisten Fällen müssen Äußerungen allerdings als Sprechakte bestimmt werden, ohne dass das entsprechende Verb auf der Textoberfläche erscheint. „Ich beleidige dich!" oder „Ich drohe dir!" sind selten vernommene Äußerungen. Entsprechende Sprechakte werden eher durch „Arschloch!" oder „Pass bloß auf, Freundchen!" vollzogen.

Eine Aussage als Sprechakt zu kategorisieren, ist stets Ergebnis eines (häufig komplexen und streitbaren) Deutungs- und Klassifizierungsprozesses.[3] Vieles hängt dabei von den situativen Rahmenbedingungen ab, d.h. wer äußert sich wie, wann und wo und vor allem wem gegenüber? Abhängig vom Äußerungskontext, von der Beziehung der Kommunikationsteilnehmer oder auch von der Intonation kann dasselbe „Pass bloß auf" eine aufrichtige Warnung, ein Ausdruck mütterlicher Sorge, eine Drohung, ein Scherz, eine Mahnung zur Aufmerksamkeit, eine Geste der Anteilnahme, eine bewusste Verunsicherung und etliches mehr sein. Selbst eindeutig als konventioneller Sprechakt erschließbare Äußerungen können entgegen ihrer konventionellen Funktion verwendet werden, z.B. scherzhaft oder zitierend. Die Äußerung: „Das haben Sie ja ausnahmsweise einmal nicht verkehrt gemacht." kommt als Lob (einer spezifischen Leistung) daher, kann aber durchaus auch als Tadel (des generellen Leistungsvermögens) intendiert worden sein bzw. als solcher rezipiert werden.

3 Vgl. etwa Campe 1999, S. 124.

Bestimmungsschwierigkeiten

Dies führt unweigerlich zu der Frage, durch wen oder was eine Äußerung nun eigentlich eindeutig als spezifischer Sprechakt bestimmt wird: durch die Intention der Äußerungsinstanz, durch Kennzeichen auf der Textoberfläche, durch die Äußerungsumstände oder durch die Auffassung der Rezipienten? Anders formuliert: Wird eine Äußerung dadurch zur Beleidigung, dass jemand sie beleidigend intendiert oder dass sie formale Kriterien einer Beleidigung erfüllt (etwa Vulgärsprache), dass sie in einem bestimmten Äußerungszusammenhang beleidigend wirken muss oder aber dass sie jemand als beleidigend auffasst? Solche Fragen können sogar strafrechtliche Konsequenzen haben. Austin geht von der Intention der Äußerungsinstanz aus und unterscheidet glückende von nicht glückenden Sprechakten.[4] Allerdings kann ein Sprechakt kommunikativ glücken (d.h. als eben solcher Sprechakt aufgefasst werden, als der er intendiert war), ohne aber die beabsichtigte Konsequenz zu bewirken (etwa: dass eine gewarnte Person, durch die Warnung von ihrem Vorhaben ablässt). Da wir bei unseren Analysen das Augenmerk gerade auf mögliche Ambivalenzen von Äußerungen legen wollen, habe ich das Kapitel mit dem Begriff *Sprechverhalten* überschrieben (richtiger wäre vielleicht sogar *Kommunikationsverhalten*). Er soll deutlich machen, dass auch unbeabsichtigte „Akte" im Beobachtungsspektrum bleiben. Zudem wollen wir jenen heimlichen Sprechakten auf die Schliche kommen, die nicht offenkundig über die Textoberfläche erschließbar sind und in denen sich die „wahre" Intention einer Äußerungsinstanz offenbart.

Die Analyse von Sprechverhalten ist vor allen Dingen dadurch produktiv, dass sie unseren Blick „an der Textoberfläche vorbei" lenken und zu einer möglichen Neubewertung der explizit gewonnenen Informationen führen kann. Ein wehleidig geäußertes „Mir geht es ja so schlecht, aber ich klage nicht", entpuppt sich bei sprechaktanalytischer Betrachtung womöglich als Gegenteil dessen, was es vorgibt zu sein, d.h. eben als ein heimliches Klagen. Grundsätzlich können durch dieselbe Äußerung aber auch mehrere Sprechakte

4 Austin 2005 [1962], S. 153 f.

gleichzeitig vollzogen werden[5] und mehrere Äußerungen (und Sprechakte) zusammengenommen im Dienste eines *dominierenden Sprechaktes* stehen. Insbesondere Gedichte können dabei als Textganzes die Funktion eines dominierenden Sprechaktes erfüllen, etwa in Form von Lobgedichten, Lehrgedichten oder Gebeten.[6]

gedoppelte Kommunikationssituation

Im Umgang mit moderneren Gedichten ist allerdings auch zu beachten, dass hier in der Regel gar kein Sprechakt vollzogen, sondern vielmehr Sprechverhalten ausgestellt bzw. exponiert wird.[7] Man kann im Grunde zwischen zwei pragmatischen Ebenen unterscheiden: Dem Sprechverhalten der Äußerungsinstanz im Text (Erzähler oder lyrisches Ich) und dem (gleichzeitigen) Akt des Ausstellens dieses Sprechverhaltens seitens der Autorinnen und Autoren. So lässt sich also auch die alte Kernfrage des Deutschunterrichts „Was will uns die Autorin bzw. der Autor damit sagen?" sprechaktanalytisch umgestalten zu „Zu welchem Zweck stellt die Autorin bzw. der Autor dieses Sprechverhalten aus?" Diese Doppelbödigkeit literarischer Kommunikationen lässt sich etwa da beobachten, wo Sprechinstanzen ihrem Gegenüber etwas erzählen, das für diesen gar keinen Neuigkeits- und Informationswert haben dürfte. Häufig wollen die Autorinnen und Autoren dadurch dann lediglich ihre Leserschaft informieren.

Inwieweit der Blick auf das Sprechverhalten nun bei der Gedichtanalyse zustattenkommt, wollen wir anhand eines Textes erproben, der die Sprechsituation bereits im Titel trägt, nämlich WALDESGESPRÄCH von Joseph von Eichendorff aus dem Jahr 1815. [8]

Waldesgespräch

Es ist schon spät, es wird schon kalt,
Was reit'st du einsam durch den Wald?
Der Wald ist lang, du bist allein,
Du schöne Braut! Ich führ' dich heim!

5 Vgl. Ehlich 1983, S. 27.
6 Vgl. Schlaffer 2008, S. 23 ff.
7 Vgl. etwa Goffman 2008 [1959], S. 8 oder Crystal 1993 [1987], S. 121.
8 Wertvolle Impulse für diese Analyse verdanke ich Heinrich Bosse und Johannes Lehmann.

„Groß ist der Männer Trug und List,
Vor Schmerz mein Herz gebrochen ist,
Wohl irrt das Waldhorn her und hin,
O flieh! Du weißt nicht, wer ich bin."

So reich geschmückt ist Roß und Weib,
So wunderschön der junge Leib,
Jetzt kenn' ich dich – Gott steh' mir bei!
Du bist die Hexe Lorelei.

„Du kennst mich wohl – von hohem Stein
Schaut still mein Schloß tief in den Rhein.
Es ist schon spät, es wird schon kalt,
Kommst nimmermehr aus diesem Wald!"

Erstverständnis

Als ich dieses Gedicht zum ersten Mal las, erschien es mir von vornherein recht verständlich. Meinem Erstverständnis gemäß erzählt es eine kleine Geschichte, in der ein Mann im Wald einer einsam reitenden, jungen Frau begegnet und ihr seinen Schutz anbietet. Diese entpuppt sich allerdings als Hexe, deren Fängen der Mann nicht mehr entkommen kann, weshalb er wohl im Wald umkommen wird. Die Seminarerfahrung zeigt, dass die meisten Studierenden den Text auch in etwa so verstehen. Allerdings gibt es in der Regel eine Minderheit, die den Mann als Aggressor wahrnimmt und nicht glaubt, dass ihm ernsthaft am Schutz der Frau gelegen ist. Diese Wahrnehmungsdiskrepanz erscheint mir als ideale Voraussetzung für eine Sprechverhaltensanalyse.

Zunächst ist es bemerkenswert genug, dass diese Geschichte augenscheinlich nicht von einer Erzählinstanz erzählt wird (was natürlich auch als Sprechakt beschreibbar wäre), sondern vielmehr – ähnlich wie im Theater – durch einen Dialog vermittelt und zwar ohne jeden ergänzenden Nebentext (siehe Kap. 6). Für unsere Analyse folgt daraus etwa, dass wir die potentielle Doppelbödigkeit des Sprechverhaltens mitberücksichtigen sollten; beide Figuren unterhalten sich nicht nur miteinander in einem für beide ersichtlichen

Kontext, sondern versorgen dabei auch noch implizit die Leserschaft mit allen vom Autor als relevant empfundenen Informationen.

In diesem Sinne ließe sich auch die erste Zeile des Gedichtes rechtfertigen. Die Leser sollen hier womöglich erfahren, dass es spät ist, denn für die Angesprochene hat dies vermutlich wenig Neuigkeitswert. Zudem erklärt sich daraus, die in der folgenden Zeile anklingende Verwunderung, die zu der (besorgten?) Nachfrage führt, warum sein Gegenüber ohne Gesellschaft durch den Wald reitet. Schon die Folgezeile wirkt mit der abermaligen Betonung des Alleinseins der Reiterin dann doch merkwürdig redundant, soll vermutlich aber nur die Notwendigkeit für das folgende Begleitungsangebot unterstreichen, das mir bei meiner ersten Lektüre so deutlich als aufrichtiges Hilfsangebot erschien.

Drohkulisse

Bei der nochmaligen Lektüre entgeht allerdings auch mir nicht, dass dem Sprechverhalten des Mannes etwas Aggressives anhaftet, aber was? Zunächst lässt sich über eine kurze Wortgruppierung feststellen, dass von seinen wenigen Worten auffallend viele der atmosphärischen Kategorie des „Unheimlichen“ zugeordnet werden können („spät“, „kalt“, „einsam“, 2× „Wald“, „lang“, „allein“) (siehe Kap. 4). Dadurch kreiert der Sprecher subtil eine Drohkulisse, vor der er sich dann inszeniert und die sein Gegenüber womöglich einschüchtern soll.

Positionierungen

Zudem ist sein Sprechverhalten bei genauerer Betrachtung sehr dominant und anmaßend. So duzt er die Frau, – die durch die Bezeichnung „Braut“ offensichtlich als Erwachsene markiert wird – ohne sie zu kennen. Dadurch schafft er einerseits eine (unangemessene) Nähe zwischen ihnen und positioniert sie zudem rhetorisch subtil auf einem (unmündigen) Kinderniveau. Diese Herabstufung zeichnet sich auch in der „Nachfrage“ der zweiten Zeile ab, die zwar auf der Textoberfläche Interesse an den Gründen für den einsamen Waldritt vortäuscht, das allerdings dadurch als unaufrichtig entlarvt wird, dass der Sprecher keine Antwort abwartet, sondern selbst weiterspricht. Entsprechend ist auch sein vermeintliches Angebot zur Begleitung nicht optional formuliert, sondern kommt als Feststellung daher („Ich führ dich heim!“), die als Anschlusskommunikation keine Ablehnung vorsieht und die die dominante Position durch das *Führen* deutlich markiert.

Dies ist auch deswegen bemerkenswert, weil er ja gar nicht wissen kann, wo sein Gegenüber wohnt. Oder ist mit „[H]eim“ womöglich sein eigenes gemeint, in das er seine „Braut“ mit immer deutlicher erscheinenden sexuellen Motiven – und zu Not auch gegen deren Willen – zu führen gedenkt? Ist die Warnung vor den Gefahren des Waldes vielleicht eigentlich eine heimliche Drohung mit der eigenen körperlichen Überlegenheit?

Sprechverhalten des Mannes

Der Sprecher stellt sich nicht vor und klärt entsprechend auch nicht auf, was seine eigenen Gründe dafür sind, spät abends alleine im Wald zu sein. Er könnte ein Räuber, ein Wanderer, ein Förster oder ein Jäger sein. Für letzteres spricht das, in der Folgestrophe erwähnte „Waldhorn“, mit dem traditionellerweise zur Jagd geblasen wird. In dieser Lesart ließe sich der Mann als Jagender auffassen, der in der Frau seine Beute wittert.

Dennoch bleibt das Sprechverhalten ambivalent. Textoberflächlich betrachtet macht sich der Sprecher nicht angreifbar und lässt sich nicht eindeutig der Nötigung überführen. Gerade hierin mag die „Finesse“ seines „Flirtverhaltens“ liegen, das die Grundlage dafür schafft, die Situation je nach Gesprächsfortgang sowohl galant und einvernehmlich als auch aggressiv und nötigend zum vermutlich angestrebten Ende der sexuellen Vereinigung zu führen.

Sprechverhalten der Frau

Das Sprechverhalten der Frau fiel mir bereits beim ersten Lesen als relativ befremdlich auf. Sie antwortet weder direkt auf die Frage des Mannes, noch reagiert sie annehmend oder ablehnend auf sein „Begleitungsangebot“. Sie eröffnet vielmehr mit einer generellen Aussage über das betrügerische Wesen der Männer. Womöglich will sie damit zum Ausdruck bringen, dass sie die „niederen“ Absichten hinter dem hilfsbereiten Auftreten des Mannes durchschaut hat. Über die Folgezeile scheint sie dann mitteilen zu wollen, dass sie selbst bereits entsprechend leidvolle Erfahrungen gemacht hat. Ihre kommunikative Absicht ist mir dabei allerdings nicht ganz klar: will sie ihren späteren Mord (sofern es denn einer ist) dadurch vor ihrem Gegenüber rechtfertigen, indem sie ihr Leid klagt? Spricht sie überhaupt zu ihrem Gegenüber oder spricht sie eher „vor sich hin“, was ihr eine zauberische Aura und damit auch eine gewisse Souveränität verleiht? Schließlich lässt sie sich vom dominanten Gesprächsverhalten ihres Gegenübers nicht in die kommunikative Defensive treiben und auch die Gefahren des Waldes (bzw. des Mannes) scheinen sie nicht einzuschüchtern.

Die Folgezeile liefert dann wohl ihre kryptischste Äußerung: „Wohl irrt das Waldhorn her und hin". Was will sie damit sagen und warum sagt sie es in dieser Situation? Der Satz hat offensichtlich eine symbolische bzw. metaphorische Bedeutung, da ein Instrument bekanntlich nicht umherirrt. Es sei denn er beschreibt den Klang des Waldhorns, der von verschiedenen Seiten durch den Wald schallt und dient somit der Beschreibung der Umstände. Plausibler erscheint mir indes, dass sie damit auf die Jagd anspielt und ihrem Gegenüber mitteilen möchte, dass die dominante Position des Jägers gegenüber der ergebenen Position der Beute zwischen den Beteiligten hin- und herwechselt. Will sie ihrem Gegenüber folglich drohen?

Wenn man das „Wohl" in der Bedeutung von *zwar* liest, handelt es sich grammatisch um einen Konzessivsatz, also einen, der ein potentielles Gegenargument vorwegnimmt und einräumt, das dann in einem mit *aber* oder *dennoch* einzuleitenden Folgesatz ausgeführt wird. Denkbar wäre etwa die Weiterführung: „Wohl irrt das Waldhorn (als Symbol der Dominanz) her und hin, aber dieses Mal wird es nicht zu Dir zurückkehren." Stattdessen scheint sich Sprecherin mit dem Ausruf „O" selbst zu unterbrechen. Erstmalig adressiert sie ihr Gegenüber direkt und imperativisch („flieh!") und fügt dann – ebenfalls duzend und damit auf kommunikativer Augenhöhe – als Erklärung für die Fluchtnotwendigkeit lediglich an, dass er sie nicht kenne (ohne sich in der Folge allerdings vorzustellen).

Drohung oder Warnung?

Diese Zeile ist aus sprechverhaltensanalytischer Perspektive ähnlich ambivalent wie die Äußerungen des Sprechers. Ist die Äußerung eine Drohung oder eine Warnung? Eine Warnung fordert zu einer Verhaltensänderung im Interesse des Gegenübers auf und stellt eine negative Konsequenz in Aussicht, die sich andernfalls ergeben könnte. Eine Drohung fordert indes zu einem von der Sprechinstanz erwünschten Verhalten auf und stellt eine negative Konsequenz für das Gegenüber in Aussicht, die von der Sprechinstanz selbst ausgeht.

Dieses scheint hier durchaus der Fall zu sein. Allerdings verliert die Sprecherin in meiner Einschätzung in der letzten Zeile deutlich an Souveränität. Die sich selbst unterbrechende, augenscheinlich aus dem Affekt geborene Interjektion „O“ lässt die Aufforderung „flieh“ eher als flehentliches Bitten erscheinen, denn als souveräne Anordnung. Die negative Konsequenz für ihr Gegenüber scheint folglich zwar von ihr verursacht zu werden, aber keineswegs in ihrem Interesse zu liegen. Sie scheint gerade nicht Herr ihres Handelns zu sein, wodurch es zu unintendiertem Verhalten wird und die Drohung zu einer Warnung vor sich selbst.

Wie die Sprecherin zuvor scheint auch der Sprecher in der Folgestrophe überhaupt nicht auf das zuvor gesagte zu reagieren. Beinahe ließe sich fragen, ob es sich bei dem Text insgesamt wirklich um ein Wald-„Gespräch“ handelt, da beide eher aneinander vorbei monologisieren, als zu kommunizieren. Die ersten beiden Zeilen der dritten Strophe wirken entsprechend wie ein Selbstgespräch, in dem der von der Schönheit der Frau in den Bann gezogene Mann die auf ihn einwirkenden Eindrücke wie zur Selbstvergewisserung noch einmal verbalisiert. Ähnlich wie die Sprecherin zuvor unterbricht er sich in der dritten Zeile dann selbst, da ihn ein panischer Erkenntnismoment aus seiner Trance reißt. Er wendet sich hilfesuchend an Gott und markiert darin seinen drastischen Souveränitätsverlust. Mit seiner letzten Äußerung macht er seinem Gegenüber (wie auch der Leserschaft) dann deutlich, dass er die Frau als „Hexe Lorelei“ erkannt hat, weshalb er seine eigene Lage nun offensichtlich als aussichtslos einschätzt.

Lorelei-Sage

Der Text spielt hier explizit auf die Sage von der Lorelei an. Mir selbst ist diese vor allem durch Heinrich Heines LORELEYLIED geläufig, das allerdings später entstand (1824). In diesem lenkt die Lorelei Schiffer mit ihrem betörenden Gesang und ihrer Schönheit sirenenartig ab und verleitet sie so zu Unfällen. Angeregt durch Eichendorffs Gedicht lese ich nun noch Clemens Brentanos Ballade ZU BACHARACH AM RHEINE von 1801, die die Lorelei-Sage eigentlich begründet. Hier wird die Lorelei als Zauberin bezeichnet, die in ihrem Schloss am Rhein lebt und deren Schönheit und „Liebesband[e]“ alle Männer um den Verstand bringen und ins Verderben führen. Sie wird vom Bischof vorgeladen und fleht diesen regelrecht an, sie zum Tode zu verurteilen, weil sie selbst unter dem Zugrundegehen der Männer leidet wie auch daran, selbst von einem Mann verlassen worden zu sein. Der Bischof aber ist von ihrer Schönheit so eingenommen, dass er sie begnadigt und stattdessen ins Kloster schickt. Auf dem Weg dorthin, bittet die Lorelei ihre Bewacher, noch einmal von ihrem Schloss vom Rheinfelsen blicken zu dürfen und nutzt die Gelegenheit, sich hinunterzustürzen und so selbst umzubringen.

Invertierung der Machtverhältnisse

Die Sprecherin bestätigt in ihrem letzten Redebeitrag zunächst den Sprecher und ergänzt in der Folgezeile (merkwürdigerweise) noch ein paar „biographische Informationen". Anders als noch bei ihrem „O flieh"-Ausruf wirkt sie nun aber sehr gefasst (oder resigniert?). Beinahe zynisch verkehrt sie die Eingangszeilen des Sprechers am Ende zu einer grausamen Prophezeiung. Dadurch dass sie dem Gegenüber auch keine Verhaltensoption anbietet, durch die jener seinem Schicksal entgehen könnte, handelt es sich offensichtlich auch nicht mehr um eine Drohung oder Warnung, sondern um eine Feststellung, die allerdings auch jedes Mitgefühl vermissen lässt. Offensichtlich haben sich damit die anfänglich unterstellten Machtverhältnisse invertiert, worin man die wesentliche Pointe des Textes erkennen mag: Der Mann fühlt sich gegenüber der Frau als Jäger und Souverän, entpuppt sich am Ende aber als ohnmächtige Beute.

Mir erscheint der Text allerdings durchaus komplexer und insgesamt stärker auf eine Vergleichbarkeit der Positionen abzuzielen; schon allein, weil er die Redebeiträge gleichmäßig aufteilt. Auch gesteht er beiden Parteien jeweils eine privilegierte Gesprächsposition zu (siehe Kap. 8): Dem Mann die eröffnende, die den (durchaus anmaßenden) Akt des Wort- und damit Initiativeergreifens beinhaltet; der Frau die beendende, also „das letzte Wort", das als Ergebnis bleibt und nicht mehr hinterfragt wird.

In meiner Lektüre rückt vielmehr die Frage nach der Intentionalität, also des bewussten, absichtsvollen Handelns in den Mittelpunkt, der hier über die Sprechverhaltensanalyse nachgespürt werden sollte. Schon in Brentanos Gedicht stellt sich die Frage, was die Lorelei eigentlich tut und aus welchen Motiven heraus sie handelt. Ist sie verantwortlich zu machen für das Unglück, in das alle Männer durch ihren Anblick geraten? „Das ist mein Zauberkreis. / Ich selbst muß drin verderben“ beschreibt sie dort ihre ambivalente Situation zwischen Täter- und Opferschaft. Bei Eichendorff wird nun auch die Männerrolle als eine ebenso zwischen Souveränität und Abhängigkeit changierende in den Blick genommen. Auf die eigentliche „Tätigkeit“ der Lorelei spielt der Text dabei bereits in der zweiten Zeile phonetisch an; sie reizt bzw. „reit'st“.

Zwei Segel

Inwiefern ich hieraus generelle Aussagen zu geschlechtsspezifischem Rede- und Werbeverhalten gewinnen lassen und inwieweit diese dem zeitgenössischen Genderverständniss ent- oder widersprechen, muss an dieser Stelle nicht weiter vertieft werden. Stattdessen wollen wir nun erproben, ob sich der sprechverhaltensanalytische Ansatz auch für unser Segelgedicht eignet, das – wie die meisten Gedichte – nicht explizit dialogisches Sprechverhalten ausstellt.

Zunächst erscheint die Methode hier tatsächlich wenig ertragsversprechend. Lediglich spekulativ kann ich eine Situation konstruieren, in der das Geäußerte einen sinnvollen Sprechakt ergeben würde. Die sich äußernde Person wirkt wie ein unmittelbarer Beobachter des Segel-Szenarios. Wem die „Ausrufe“ der ersten Strophe bzw. die darauffolgenden Beschreibungen gelten, erscheint mir völlig offen. Möglicherweise handelt es sich um ein Selbstgespräch, bei dem die Beobachtung äußerer Umstände zusehends in eine Reflexion der eigenen Seelenzustände übergeht bzw. letztere in ersteren erkannt werden.

Verzicht auf *Ich* und *Du*

Vermutlich erweist sich aber wiederum der Negativbefund als insgesamt fruchtbarerer Analysezugang. Schließlich ist es eher untypisch, dass in einem Liebesgedicht weder *Ich* noch *Du* markiert werden und das Geschehen stattdessen in dieser Art anonym und unbeteiligt vermittelt wird. Häufig handelt es sich viel eher um Anredelyrik, durch die deutliche Sprechakte vollzogen werden (wie Umgarnen oder Huldigen). Dieser Verzicht verhilft dem Text allerdings wiederum zu einer Ununterscheidbarkeit der beiden Liebenden, gerade in Bezug auf ihre Subjekt- und Objekt-Position. Die Frage, was die Exposition dieses unaufdringlichen Sprechverhaltens nun bezwecken soll, ließe sich etwa wie folgt beantworten: Sie zeigt, dass in einer idealen Beziehung kein Platz für ein Ich und ein Du bleibt und (anders als in Eichendorffs Waldgespräch) auch keine Machtpositionen verhandelt werden, sondern völlige Gleichberechtigung vorherrscht.

7. Erzählweise

Erzähltheorie

Die *Erzähltheorie* bzw. *Narratologie* ist der derzeit wohl produktivste Zweig literaturwissenschaftlicher Forschung und hat sich zu einer interdisziplinär gefragten Analyse-Disziplin entwickelt. Ihr Erfolg gründet sich vor allem auf das wachsende Interesse an Erzählstrukturen, die inzwischen als basale Ordnungsmuster unseres Denkens und Erinnerns anerkannt werden und so auch in allen möglichen kulturellen Praktiken latent präsent erscheinen.[1] Diese Omnipräsenz führt zu einer großen Adaptierbarkeit narratologischer Beschreibungsmodelle für alle möglichen Forschungsbereiche von der Geschichtsschreibung bis zu Kognitionspsychologie. Im Umgang mit Gedichten wurden erzähltheoretische Analysemethoden allerdings lange nicht eingesetzt, wohl weil die Gattung vielen als genuin „nicht-erzählend“ gilt (siehe Kap. 1).

Erzählen

Erzählen im engeren Sinne meint schließlich die sprachliche Vermittlung von nicht-aktuellen Ereignissen, die zu einer Situationsveränderung führen;[2] vor allem von *Geschichten,* d.h. von kausal plausibilisierten Ereignisfolgen dieser Art.[3] Das Erzählte umfasst demnach mindestens zwei Situationen, eine erste (S1), die sich durch ein Ereignis (E) zu einer zweiten (S2) wandelt. Eine solche Entwicklung sprachlich nachzuvollziehen und die Zeitspanne zwischen Anfang und Ende dabei zu komprimieren, bedarf in der Regel eines gewissen Abstands zum dargestellten Geschehen. Daher kommt es zu jener erzähltypischen gedoppelten Zeitperspektive, bei der zwischen der Erzählsituation und den Geschehens-Situationen unterschieden werden kann.[4] Gedichte gelten indes als eine Textsorte der unmittelbaren Situa-

1 Vgl. etwa Nünning 2013, S. 1.
2 Weber 1998, S. 17.
3 Vgl. entsprechende Minimaldefinitionen bei Martínez und Scheffel 2005 [1999], S. 109 bzw. Forster 1960 [1927], S. 82. Vgl. auch Bosse 2010, S. 70.
4 Martínez und Scheffel 2005 [1999], S. 119ff. Vgl. auch Webers Ausführungen zu den unterschiedlichen Orientierungszentren für den Erzählenden und die Personen, von denen erzählt wird, und zu deren jeweils unterschiedlichen Jetzt-Bezügen (Weber 1998, S. 43).

tionsbeteiligung (siehe Kap. 1). Während narrative Texte Ereignisse also wiedergäben, strebten lyrische Texte danach, „Ereignisse zu sein, statt Ereignisse zu schildern".[5]

Geschehens- und Diskursebene

Narratologen wie Hühn und Schönert weisen allerdings daraufhin, dass sich auch bei Gedichten Geschehen von seiner sprachlichen Darstellung unterscheiden lässt. Auch in lyrischen Texten würde außersprachliches Geschehen vermittelt, nur dass es sich vornehmlich um „mentale und psychische (‚innere') Vorkommnisse" handele, die als unmittelbar stattfindend inszeniert würden.[6] Die für die klassische Erzähltheorie so zentrale Unterscheidung zwischen der Geschehens- und der Diskursebene (*histoire* und *discours*), also zwischen dem „Was" der Handlungsebene und dem „Wie" der sprachlichen Darstellung lässt sich demnach auch auf Gedichte übertragen, und mit ihr auch das vielfältige narratologische Analyseinstrumentarium.

Struktur des Geschehens

Die Narratologie fragt nach der Struktur und Organisation des erzählten Geschehens. Wie verhält sich etwa die Anfangssituation zum Schluss? In welcher Beziehung stehen Ereignisse zu Folgeereignissen? Wie sind Handlungsabläufe motiviert?, usw.

Figuren-, Zeit- und Raumdarstellung

Auch die Figurenanalyse zählt zu den zentralen Anliegen der Narratologie: Wie ist die Figur konzipiert? Wie komplex ist ihr Charakter? Wie entwickelt sie sich im Laufe der Handlung? In welcher Konstellation steht sie zu anderen Figuren und welche Funktion hat sie für den Handlungsverlauf? Darüber hinaus eignen sich narratologische Beschreibungsmethoden aber auch, um Zeitdarstellungen zu analysieren: Wie ausführlich werden Ereignisse beschrieben? Wird das Geschehen gerafft oder gedehnt dargestellt? Gibt es Zeitsprünge? Entspricht die notwendig lineare Erzählreihenfolge (siehe Kap. 2) auch der Chronologie der Ereignisse? Und wie groß ist die beschriebene Zeitspanne? Auch Raumdarstellungen lassen sich narratologisch analysieren, etwa nach unterschiedlichen Raumtypen, Raum-

5 Zymner 2013, S. 8. Vgl. auch Culler 2008 [1997], S. 113.
6 Hühn und Schönert 2003, S. 287.

relationen und vor allem auch Grenzen und Übergängen zwischen Räumen. Zudem fragt die Narratologie grundsätzlich danach, wie die *Diegese*, d. h. die erzählte Welt beschaffen ist: entspricht sie unserer Lebenswelt oder birgt sie phantastische Elemente? (Vgl. dazu das im Folgenden thematisierte Gedicht).

Äußerungsinstanz

Ein besonders zentraler Analyseaspekt der Narratologie besteht in der Beschreibung und Klassifizierung der Erzählinstanz. In welchem Verhältnis steht sie zum Geschehen? Ist sie selbst eine beteiligte Figur? Oder lediglich eine beobachtende? Oder ist sie etwa gar nicht Teil der Textwelt, die sie durch ihre Erzählung erst generiert? Die Erzählinstanz entspricht dabei funktional ziemlich genau dem lyrischen Ich der Lyriktheorie, weshalb ich beide unter dem Begriff der Äußerungsinstanz subsumiere. Die Frage, ob es sich bei einem bestimmten Text um eine Geschichte handelt und ob im engeren Sinne erzählt wird, ist dabei eigentlich nachrangig.

showing vs. *telling*

Ein besonders interessanter Aspekt der Analyse, für den die Narratologie Beschreibungswerkzeuge stellt, ist indes der Grad der Mittelbarkeit, mit der uns das Geschehen dargeboten wird. So unterscheidet der Narratologe Gérard Genette etwa den Darstellungsmodus *showing*, bei dem uns das Geschehen unmittelbar „vor Augen" geführt wird, vom *telling*, also dem erzählerischen Duktus, der einen deutlichen Abstand zum Geschehen suggeriert (s. u.).[7]

Beim in der Folge zu analysierenden Text handelt es sich um eine Ballade und damit um eine Textsorte, die lyrische, epische und sogar dramatische Elemente zu verbinden sucht,[8] nämlich um Goethes berühmten ERLKÖNIG von 1782.

7 Genette 2010 [1998], S. 104.

8 Goethe selbst schreibt bekanntermaßen, dass in der Ballade die „drei Grundarten der Poesie [...] wie in einem lebendigen Ur-Ei zusammen sind" (Goethe 1960 [1821], S. 592).

Erlkönig

Wer reitet so spät durch Nacht und Wind?
Es ist der Vater mit seinem Kind;
Er hat den Knaben wohl in dem Arm,
Er fasst ihn sicher, er hält ihn warm.

Mein Sohn, was birgst du so bang dein Gesicht? –
Siehst, Vater, du den Erlkönig nicht?
Den Erlenkönig mit Kron' und Schweif? –
Mein Sohn, es ist ein Nebelstreif. –

„Du liebes Kind, komm, geh mit mir!
Gar schöne Spiele spiel' ich mit dir;
Manch' bunte Blumen sind an dem Strand,
Meine Mutter hat manch gülden Gewand." –

Mein Vater, mein Vater, und hörest du nicht,
Was Erlenkönig mir leise verspricht? –
Sei ruhig, bleibe ruhig, mein Kind;
In dürren Blättern säuselt der Wind. –

„Willst, feiner Knabe, du mit mir gehn?
Meine Töchter sollen dich warten schön;
Meine Töchter führen den nächtlichen Reihn
Und wiegen und tanzen und singen dich ein." –

Mein Vater, mein Vater, und siehst du nicht dort
Erlkönigs Töchter am düstern Ort? –
Mein Sohn, mein Sohn, ich seh' es genau:
Es scheinen die alten Weiden so grau. –

„Ich liebe dich, mich reizt deine schöne Gestalt;
Und bist du nicht willig, so brauch' ich Gewalt." –
Mein Vater, mein Vater, jetzt faßt er mich an!
Erlkönig hat mir ein Leids getan! –

Dem Vater grauset's; er reitet geschwind,
Er hält in Armen das ächzende Kind,
Erreicht den Hof mit Mühe und Not;
In seinen Armen das Kind war tot.

Schauermärchen oder Krankengeschichte?

Der Text lässt sich leicht als Geschichte bestimmen, denn wir haben eine Situation 1 (Vater und Knabe reiten durch die Nacht), ein Ereignis (Begegnung mit dem Erlkönig) und eine geänderte Situation 2 (der Knabe ist tot). So eindeutig aber dieser Text als Geschichte erscheint, so sehr gehen die Meinungen darüber auseinander, was in dieser nun eigentlich passiert. Viele Rezipienten (auch unter den Studierenden) lesen die Geschichte als eine Art Schauermärchen, in dem der Erlkönig als „Waldgeist" erscheint und letztlich den Knaben tötet. Beinahe genauso viele lesen den Text aber eher als (realistische?) Krankengeschichte, bei der der fiebernde Sohn den Erlkönig lediglich phantasiert und letztlich der Krankheit erliegt.

Um zu entscheiden, welche dieser Lesarten auf Grundlage des Textes die angemessenere ist bzw. herauszufinden, wieso beide Lesearten vom Text angeregt werden, erscheint mir eine narratologische Analyse der Äußerungsinstanzen im Text besonders geeignet.

erzählerische Unzuverlässigkeit

Die Narratologie beschäftigt sich seit geraumer Zeit mit dem Phänomen erzählerischer Unzuverlässigkeit, d.h. der Möglichkeit, Erzählinstanzen zu misstrauen und die tatsächlichen Sachverhalte der erzählten Welt anders einzuschätzen, als sie uns beschrieben werden. Dies ist insofern bemerkenswert, als dass wir bei fiktionalen Texten eigentlich darauf angewiesen sind, den Textinformationen Glauben zu schenken. Fiktionale Texte haben nämlich per definitionem nicht den Anspruch, unsere Lebenswirklichkeit abzubilden, sondern vielmehr eine alternative Textwelt zu generieren, deren Geschehensebene einzig über den Text zu erschließen ist. Indem wir uns auf den Text einlassen, schließen wir folglich einen „Fiktionsvertrag"[9] mit ihm, nach dem wir die vom Text behaupte-

9 Eco 1994, S. 103.

ten Sachverhalte – selbst wider besseren Wissen – als „Fakten“ der fiktionalen Welt akzeptieren. Anders als bei einem Text mit faktualem Anspruch haben wir z.B. nicht die Möglichkeit, den Umstand, dass Vater und Sohn durch die Nacht reiten, sinnvoll in Frage zu stellen, etwa indem wir eine alternative Quelle hinzuziehen, die belegen könnte, dass die beiden in Wirklichkeit zu diesem Zeitpunkt zuhause waren. Bemerkenswerterweise stellte dies bisher auch keiner meiner Studierenden in Frage, während über die Existenz oder Nichtexistenz des Erlkönigs stets heftig diskutiert wird.

„allwissende“ Erzählinstanzen

Man mag vermuten, dass dies zunächst mit der Figur des Erlkönigs selbst zusammenhängt, die offensichtlich un- bzw. übernatürlich beschaffen ist. Allerdings sind derlei Figuren für fiktionale Texte – insbesondere für Schauermärchen – nicht ungewöhnlich. Niemand bezweifelt etwa die Existenz der Hexe bei Hänsel und Gretel, sie gilt vielmehr als „faktualer“ Bestandteil der fiktionalen Textwelt. Nun werden solche Textwelten in der Regel so erzählt, dass gerade kein Zweifel an der „tatsächlichen“ Existenz des Phantastischen entsteht. Dazu helfen Erzählinstanzen, die nicht den Eindruck einer subjektiven Verblendung vermitteln, sondern im besten Fall den einer außerhalb des Geschehens stehenden, a-personalen und „allwissenden“ Autorität.

Die Erzählinstanz, die uns in der ersten Strophe begegnet, ist dabei schon etwas ambivalent. Sie erzählt im engeren Sinne nicht, da sie keinen zeitlichen Abstand suggeriert, sondern schildert das Geschehen so, als stimmten Erzähl- und Geschehens-Situation unmittelbar überein. Der Eindruck einer Geschehensbeteiligung entsteht vor allem durch den Präsens-Gebrauch, aber auch durch den deiktischen, d.h. verweisenden Ausdruck „so spät“, der zur tatsächlichen Bestimmung der Zeit eigentlich voraussetzt, dass das adressierte Gegenüber ebenfalls Teil der aktuellen Geschehenssituation ist. Zweifel an der Zuverlässigkeit der Äußerungsinstanz hinterlässt allerdings auch die Frage, mit der sie in den Text einsteigt. Es scheint, als könne sie zunächst nicht genau ausmachen, wer da durch die Nacht reitet. Oder handelt es sich etwa um ein Gespräch zwischen mehreren Äußerungsinstanzen? In jedem Fall wirkt dieser Einstieg in seiner

Informationsvermittlung bereits weniger zuverlässig, als ein betont erzählerischer wie „Vor langer, langer Zeit ritt einmal ein Vater mit seinem Sohn durch die Nacht …“.

Schon mit der zweiten Zeile gewinnt die Äußerungsinstanz dann bereits merklich an Autorität. Dies liegt vermutlich daran, dass die beiden auftretenden Figuren konkret als *der* Vater und *sein* Kind bestimmt werden. Diese Bezeichnung ist souverän und zeigt, dass die Äußerungsinstanz über Informationen verfügt, die nicht über die rein situative Beobachtung gewonnen werden konnten. Auch dass sie in der Folge nicht als geschehensbeteiligte Figur auftritt, sondern situativ enthoben ist, lässt ihre Informationen unhinterfragbar glaubwürdig erscheinen. Sie ist gegenüber den Figuren durch den Fiktionsvertrag sozusagen „logisch privilegiert“ und liefert dem Anschein nach perspektivisch ungetrübte Informationen über die Textwelt. Allerdings lässt sich auch eine solche Erzählinstanz gewinnbringend auf ihre „ideologische“ Perspektive hin untersuchen. Eine Erzählinstanz, die potentiell über alle denkbaren Informationen zum Geschehen verfügt, aber in ihrer Beschreibung einer Figur lediglich ihren Status als Vater erwähnt, scheint diesem Attribut etwa eine besondere Wichtigkeit zuzusprechen. Auch dass sie das Kind dann als in possessiver Abhängigkeit zu diesem Vater beschreibt („seinem Kind“), entlarvt die Erzählinstanz m. E. ein stückweit als patriarchal geprägt. Sie hätte alternativ ja auch formulieren können: „Es ist das Kind mit seinem Vater.“

Das Geschehen der letzten Strophe wird wiederum von einer (derselben?) a-personalen Erzählinstanz vermittelt, die sich sogar noch eindeutiger als allwissender Erzähler bestimmen lässt. Sie kennt (angeblich) die Gefühlslage des Vaters (ihn „grauset's“), kann das Geschehen in der Folge zeitraffend zusammenfassen und gewinnt am Ende durch den (durchaus befremdlichen) Wechsel ins Präteritum jene erzählerische Distanz, die das gesamte Geschehen nun endgültig als nicht-Aktuelles ausweist. Entsprechend wirkt die Diagnose des Knabentodes als unhinterfragbarer Fakt der Textwelt; eine Ohnmacht oder ähnliches scheint ausgeschlossen.

Ambivalente Textweltinformationsvermittlung

Die entscheidende Sequenz der Geschichte, in der sich die folgenschwere Begegnung mit dem Erlkönig vermutlich abspielt, wird nun ausgerechnet nicht von einer solchen Erzähl-Autorität vermittelt, sondern erschließt sich uns lediglich durch die offen subjektiven Aussagen der Figuren. Dies liefert direkt das wohl stärkste Argument gegen die Existenz des Erlkönigs: Sie ist keine von der Erzählinstanz erwähnte und damit von dieser verbürgte Textweltinformation (denkbar wäre ja eine Zeile wie „auf einmal begegnete ihnen der Erlkönig"), sondern eine, die uns erst durch die Rede des Kindes vermittelt wird. Gleichzeitig gilt es wohl anzuerkennen, dass der Erlkönig als selbstständige Sprechinstanz mit eigenen Redeanteilen auftritt, die man grundsätzlich wohl als tatsächlich in der Textwelt geäußerte behandeln muss. Wären sie lediglich in der Phantasie des Kindes erklungen, hätte sie der Text z. B. ausschließlich in der Rede des Kindes paraphrasieren lassen können. Dennoch weisen die Anführungsstriche, die nur beim Erlkönig verwendet werden, dessen Rede als „irgendwie andersartig" aus, so als sei sie eben doch Teil einer anderen Daseinssphäre als das restliche Geschehen. Man merkt bereits, dass die Ambivalenz dieses Textes wohl eher ein zentrales und durchaus kunstvoll arrangiertes Anliegen seines Autors ist, als ein eindeutig aufzulösendes Defizit.

Sprecherprofile

Erzählerische (Un-)Zuverlässigkeit erscheint gerade dadurch so bedeutsam für den Text, weil die beiden „verbürgten" Sprechinstanzen Vater und Sohn in ihrer Beschreibung des Geschehens divergieren, wodurch wir geradezu genötigt werden, der einen oder der anderen Partei Glauben zu schenken. Um die (vermeintliche) Glaubwürdigkeit der beiden nun analytisch zu erfassen, lohnt es sich jeweils, ein Profil anzufertigen, das die Textinformationen zu ihnen bündelt.

Zum Sohn erhält man an sicheren, d. h. von der Erzählinstanz gebürgten Informationen eigentlich recht wenig. Wir können vermuten, dass er noch recht jung ist, da er im Arm seines Vaters mitreitet (allerdings alt genug, um fließend sprechen zu können). Daher mag der Umstand, dass er des Nachts noch unterwegs ist, überraschen. Vielleicht ist ja tatsächlich eine Krankheit der Grund dafür, dass sein Vater ihn trotz der widrigen Umstände noch „transportieren" will? Durch den Vater erfahren wir dann, dass der Sohn auf ihn verängstigt wirkt. Die wesentlichen Informationen gilt es nun, über die Rede des Sohnes selbst zu erschließen.

potentielle (Un-)Zuverlässigkeit des Knaben

Zunächst verwundert es mich, dass der Sohn den Erlkönig zu kennen scheint, denn ohne dass dieser sich vorgestellt hätte, weiß der Knabe die wahrgenommene Erscheinung als Erlkönig zu bezeichnen. Interessant ist zudem, dass er die (zunächst durchaus freundlich wirkenden) Gesprächsangebote des Erlkönigs konsequent ignoriert und sich stattdessen stets rat- und hilfesuchend an den Vater wendet. Offensichtlich erkennt er im Erlkönig ungeachtet seines freundlichen Gebarens eine Gefahr, was für eine gewisse Hellsichtigkeit spricht. Auch scheint er nicht überrascht über die Erscheinung an sich, sondern vielmehr über den Umstand, dass sein Vater seine Beobachtungen nicht bestätigt. Darauf deutet die Negation in seinen Fragen hin: Statt zu fragen „Siehst du den Erlkönig auch?", fragt er: „Siehst, Vater, du den Erlkönig [etwa] nicht?" Diese Formulierung indiziert, dass der Knabe selbst nicht an seiner Wahrnehmung und damit an der Existenz des Erlkönigs zweifelt. Die potentielle Unzuverlässigkeit liegt hier also nicht in einer unterstellten trügerischen Absicht, sondern in einem vermeintlichen Wahrnehmungsfehler, der für ein kleines, womöglich fantasievolles Kind, gerade bei Nacht und Nebel durchaus plausibel erscheint.

Präsuppositionen

Gegen die Wahrnehmung des Kindes sprechen vor allem die Einwände des Vaters, der für jede phantastische Erscheinung eine natürliche Erklärung parat hat und dadurch eine „realistische" Lesart des Textes erst eröffnet. Diesem Erwachsenen, der sowohl von der Erzählinstanz als auch vom Kind durchgängig als „Vater" bezeichnet wird und der befähigt scheint, seinen Nachwuchs „sicher", „wohl" und „warm" zu halten, traut man weit weniger zu, wahrnehmungsgestört zu sein. Tatsächlich erhalten wir vom Vater Informationen, die annährend so zuverlässig wirken, wie die von der Erzählinstanz, etwa dass es neblig ist oder dass die beiden an Weiden vorbeireiten. Dass diese Information so unbestreitbar anmuten, hat weniger etwas damit zu tun, dass sie der Vater äußert, als damit wie sie uns durch seine Äußerungen vermittelt werden. Sie sind nämlich nicht direkter Inhalt seiner Äußerungen, sondern deren logische Voraussetzungen *(Präsuppositionen)* und dadurch ungleich schwerer in Abrede zu stellen.

potentielle (Un-)Zuverlässigkeit des Vaters

Wenn wir die Glaubwürdigkeit des Vaters dennoch in Frage stellen wollen, können wir dies wohl am besten über eine Sprechverhaltensanalyse (siehe Kap. 5) tun. Anders als der Knabe, hinter dessen Äußerungen wir sicher keine strategische Verstellung vermuten, dienen die Äußerungen des Vaters offensichtlich der Beruhigung des verängstigten Kindes. Dabei ist es durchaus vorstellbar, dass der Vater, obwohl es ihn selber ängstigt und obwohl er womöglich sogar selbst die Präsenz des Erlkönigs wahrnimmt, in trügerischer Absicht den Knaben zu besänftigen versucht. Dass das Einsetzen des väterlichen Grausens in der letzten Strophe explizit von der privilegierten Erzählinstanz erwähnt wird, spricht allerdings eher dafür, dass dem Vater die Situation zuvor tatsächlich ungefährlich erschien. Aber heißt das nun, dass seine Wahrnehmung für das phantastische und doch im Rahmen der Textwelt reale Wesen des Erlkönigs – womöglich aufgrund seiner rationalistischen Weltsicht – unempfänglich, also gestört war?

literarische Vorläufer

Zuletzt wollen wir uns dem Erlkönig selbst zuwenden. Anders als für den Knaben, ist er keine mir vertraute Märchen- oder Sagenfigur, weshalb ich kurz recherchiere, ob es sich um einen allgemein bekannten Mythos handelt. Ähnlich wie bei Eichendorffs Loreley (siehe Kap. 5) gibt es einen relativ klaren Bezug zu einem älteren Gedicht namens ERLKÖNIGS TOCHTER, Johann Gottfried Herders Übersetzung einer dänischen Ballade.[10] Hier tritt zwar nicht der Erlkönig selbst auf, sondern seine als Elfe bezeichnete Tochter, die in ähnlicher Art wie der Erlkönig bei Goethe einen nächtlichen Reiter erst lockt und dann, als dieser sich weigert zu folgen, auf mysteriöse Weise tötet. Anscheinend bezieht sich die Vorsilbe *Erl* ursprünglich nicht auf den Baum Erle, sondern auf *Eller*, das dänische Wort für Elfe. Auch wenn sich Goethe dessen selbst womöglich gar nicht bewusst war, kann dieser Umstand natürlich unsere Vorstellung von der Erscheinung des Erlkönigs beeinträchtigen – etwa von einer Art Baumriesen zu einer Form von geflügelter Fee. Ich selbst muss mir allerdings eingestehen,

10 Vgl. etwa Lösener 1999, S. 129.

dass der Text in mir ohnehin keine allzu konkrete Vorstellung vom Erlkönig evoziert.

Sprecherprofil des Erlkönigs

Dies hängt wohl damit zusammen, dass sich sein Profil mit jedem Auftreten deutlich verändert. Bei seinem ersten Redebeitrag spricht er als „Spielkamerad" in gewisser Hinsicht auf Augenhöhe mit dem Knaben, etwa dadurch, dass er auf seine Mutter verweist und sich somit selbst als Kind positioniert. Beim zweiten Sprechen tritt er dann als Vater auf, der seine Töchter als Argumente aufführt, um für sich zu werben. In gewisser Hinsicht spiegelt sein Auftreten also zwei Rollen, die zu den anderen beiden Figuren im Text korrespondieren. Mit seinem letzten Redebeitrag wandelt er sich dann erneut, dieses Mal zum Aggressor, der dem Knaben zunächst seine Liebe gesteht und sein (sexuelles?) Begehren offenbart, und ihm dann jenen nicht spezifizierten Gewaltakt antut, der wohl zum Tod des Kindes führt. Für uns ist damit klar, dass sein voriges Auftreten unaufrichtig war, während sich nun sein wahrer Charakter offenbart.

Die Frage, ob der Erlkönig innerhalb der Diegese „tatsächlich" existiert oder nicht, wird dadurch immer noch nicht geklärt und soll wohl auch nicht geklärt werden. Vielmehr lässt der Text offen, welchen ontologischen Status das Phantastische hat. Vielleicht kann es auch als nicht „real" Existentes die dargestellte drastische Wirkung entfalten. Der Tod des Knaben kann schließlich auch eine reale Angstreaktion auf eine Fantasie sein. Narratologisch gewendet ließen sich die Fantasien des Knaben so auch als Binnen- oder Parallel-Erzählung beschreiben, aus der die Figur des Erlkönigs letztendlich „ausbricht".[11]

Lesart Missbrauchsgeschichte

Zuweilen wird der Text auch als Missbrauchsgeschichte gelesen, in der der Erlkönig das heimliche Alter Ego des Vaters verkörpert.[12] Tatsächlich lassen sich einige Textstellen anführen, die diese Lesart plausibilisieren: So ist die Zeile „Mein Vater, mein Vater, jetzt faßt er

11 Eine solche Rahmenüberschreitung wird in der Narratologie als *Metalepse* bezeichnet (vgl. Martínez und Scheffel 2005 [1999], S. 212).

12 Vgl. etwa Zons 1985. Lösener untersucht in diesem Zusammenhang auch die Rhythmik der Vater- und Erlkönig-Passagen und entdeckt deutliche Parallelen (vgl. Lösener 1999, S. 113 ff.).

mich an!“ für sich genommen durchaus ambivalent, da sich „er“ auch auf den Vater selbst beziehen könnte. Zudem ist der Akt des *Faßens* eine wörtliche Rekurrenz der vierten Zeile („Er faßt ihn sicher“), wodurch die beiden Figuren in ihren Handlungen parallelisiert werden. Vielleicht flüchtet sich der Sohn ja aus Verdrängung in die Erlkönig-Phantasie. Der Tod des Knaben könnte in diesem Fall dann doch im übertragenen Sinne als „seelischer Tod“ gedeutet werden.

Zwei Segel

Wir wollen nun aber wieder auf unseren Segel-Text blicken und schauen, ob sich unter narratologischer Perspektive hier neue Erkenntnisse gewinnen lassen. Bei der narratologischen Analyse lenke ich das Gespräch in diesem Fall auf die Narrativik und die temporale Geschehensordnung und -gestaltung des Textes. Lässt er sich als Geschichte fassen, d. h. gibt es einen Zustand A, der durch Handlungen oder Ereignisse in einen Zustand B überführt wird?

Da die erste Strophe bereits sowohl auf die Ankunft wie auf die Abfahrt der Schiffe anzuspielen scheint, birgt sie das narrative Potential für eine Geschichte. Vielleicht soll durch die Unbestimmtheit des Zustands der Segel zwischen den Außenpolen *Ankunft* und *Abfahrt* (ergo Anfang und Ende), gerade das Situative, Dynamische und Flüchtige des (beobachteten?) Moments eingefangen werden. Hierzu passen auch die Ausrufe, die den Äußerungsakt als Affektakt auszuweisen scheinen. Die Beschreibung der Vorgänge in der zweiten Strophe lesen sich für mich, als hätte der „Erzähler“ aus seiner situativen Beobachtung nun einen Rückschluss auf einen generellen Wirkmechanismus gezogen. Die Aussagen in der dritten Strophe können implizieren, dass der „Erzähler“ die Segel bzw. die Liebenden über einen längeren Zeitraum (womöglich Jahre) hinweg beobachtet (hat), in dem der Wind mehrfach die Richtung und Intensität verändert. Grammatikalisch erscheint in diesem Zusammenhang der Präsensgebrauch erwähnenswert, da dieses Tempus sowohl für aktuelles wie für generelles Geschehen verwendet wird. Statt einer Entwicklung von Zustand A zu B, wie sie für eine Geschichte kennzeichnend ist, scheint der Text eine Entwicklung vom Situativen zum Generellen zu machen, worin auch eine Aussage über die Liebe verborgen sein mag: z. B. überdauernde (wahre?) Liebe manifestiert sich im spontan und impulsiv gelebten Augenblick.

Wie schon bei der Frage, ob hier eher eine erotisch, leidenschaftliche und damit wohl situative Liebe beschrieben wird oder eine vertraute, bewährte und verlässliche, scheint mir der Text gerade beides verschmelzen zu wollen. Vielleicht liegt hierin seine eigentliche Bedeutung: die „ideale" Liebe verbindet das leidenschaftlich Spontane mit dem vertrauensvollen und bedingungslosen Generellen.

8. Oppositionen

Oppositionen

Mit dem Begriff *Opposition* wird ein Verhältnis bezeichnet, das im Gegensatz zur Äquivalenz die Differenz zwischen den beteiligten Vergleichsobjekten betont. Oppositionen gelten als basale Ordnungsmuster menschlichen Denkens, da sie die Grundlage von Unterscheidbarkeit und damit von Struktur schlechthin liefern.[1] Entsprechend lassen sich beliebig viele Belege für oppositionell strukturierte Denkmuster in jedem wissenschaftlichen wie gesellschaftlichen Feld finden.

Vielgliedrigkeit

Oppositionen können grundsätzlich *vielgliedrig* sein, d. h. zahlreiche unterschiedliche Terme zueinander in Opposition setzen. Das grammatische Genus im Deutschen unterscheidet etwa drei Geschlechter (*Femininum*, *Maskulinum* und *Neutrum*) und bildet damit eine *ternäre*, d. h. dreigliedrige Opposition. Himmelsrichtungen werden in der Regel als *quaternäre*, d. h. viergliedrige Opposition behandelt (*Norden*, *Osten*, *Süden* und *Westen*). Ein Jahr kann sowohl als quaternäre Opposition der vier Jahreszeiten, als auch als zwölfgliedrige Opposition der Monate oder als 365 gliedrige Opposition der Kalendertage beschrieben werden wie wohl auch in gänzlich anderer Aufteilung und Differenzierung.

Binarismus

Dieser potentiellen Differenziertheit zum Trotz lässt sich in der Beobachtung von Oppositionsstrukturen eine starke Tendenz zum *Binarismus* erkennen, d. h. zu einem „Klassifizierungs- und Beschreibungsverfahren, das komplexe Sachverhalte auf die Opposition von jeweils zwei Einheiten, zwei gegensätzliche Werte, zurückführt."[2] Sie entspringt – dem Soziologen Niklas Luhmann zufolge – einer generellen Notwendigkeit, die „Überfülle des Möglichen"[3], mit der das menschliche Erleben fortwährend konfrontiert wird, zu strukturieren. Die potentielle Leistungsfähigkeit eines solchen Binarismus wird etwa am Compu-

1 Vgl. etwa Prangel 1986.
2 Krah 2004, S. 63.
3 Luhmann 1971, S. 32.

ter deutlich, dessen technische Basis letztlich auf der Binäropposition *Strom/kein Strom* beruht. Auch die moderne Linguistik basiert zu weiten Teilen auf binären Oppositionsstrukturen. Ferdinand de Saussure, geistiger Vater des Strukturalismus, entwickelt eine Systematik der Sprache *(langue)*, die gänzlich auf Oppositionen beruht und in der die Differenzierbarkeit sprachlicher Zeichen als Basis ihrer Bedeutungsmöglichkeit erkannt wird, denn: „In der Sprache wird [...] ein Zeichen nur durch das gebildet, was es Unterscheidendes an sich hat."[4] Andere Strukturalisten wie Algirdas Julien Greimas oder Jurij Michajlovič Lotman entwickeln auf Grundlage dieser Überlegungen dann auch Kategorien zur Analyse von literarischen Texten.[5]

Gleichzeitig erweisen sich oppositionell strukturierte Beschreibungsmuster (insbesondere binaristische) sehr häufig als durchaus problematisch, da sie Sachverhalte oft zu stark vereinfachen und damit verfälschen, Unterschiede überbetonen und zudem heimlich werten und hierarchisieren. In poststrukturalistischen Strömungen der Kulturwissenschaften wie den Gender Studies oder den Post Colonial Studies werden Oppositionsstrukturen daher kritisch hinterfragt und *dekonstruiert,* d.h. aufgezeigt, „dass [eine Opposition] weder natürlich noch unumgehbar ist, sondern ein Konstrukt, das erst durch auf ihr aufbauende Diskurse hergestellt worden ist".[6] Erika Greber unterscheidet den strukturalistischen vom poststrukturalistischen Umgang mit Oppositionen wie folgt:

> Ging es dem Strukturalismus um Differenzialität als Voraussetzung von Bedeutungsproduktion und um Opposition als sprach-, text- und kulturbildende Operationen, so geht es dem Poststrukturalismus um das Aufdecken der dahinterliegenden Mechanismen und Machtstrategien, vor allem um die impliziten Hierarchien in den scheinbar symmetrischen Dichotomien.[7]

4 de Saussure 2001 [1916], S. 145.
5 Vgl. etwa Greimas 1971 [1966] oder Lotman 1972.
6 Culler 2008 [1997], S. 182.
7 Greber 1999, S. 174.

Problematik von Oppositionen

Für beide Strömungen steht dabei die Sprache im Mittelpunkt. Offensichtlich ist sie ein Medium mit einer bemerkenswert hohen Affinität zu (Binär-)Oppositionen, wie im Folgenden kurz einführend erläutert werden soll.

Dichotomien

Die Sprache hat die Möglichkeit zur Negation. Jeder Term kann somit sprachlich in eine kontradiktorische Beziehung zu sich selbst gesetzt werden, was einem ausschließlichen entweder/oder-Prinzip strukturell entspricht: z. B. *gut* vs. *nicht gut, rot* vs. *nicht rot, heute* vs. *nicht heute, Kühlschrank* vs. *kein Kühlschrank.* Darüber hinaus bildet die Sprache in ihrem Vokabular viele Gegensatzpaare aus, die vordergründig dem binären Negationsprinzip semantisch zu entsprechen scheinen, wie *gut* vs. *schlecht, heiß* vs. *kalt, alt* vs. *jung, klein* vs. *groß* usw. Begriffspaare dieser Art erwecken den Anschein von *Dichotomien,* d. h. sobald das eine zutrifft, trifft das andere notwendigerweise nicht zu. Zudem entsteht vielfach der Eindruck, als müsse notwendigerweise zumindest eines von beiden zutreffen und andere Optionen ständen nicht zur Verfügung (*tertium non datur*/ein Drittes ist nicht gegeben).

Es scheint fraglich, ob eine derart binaristisch organisierte Sprache geeignet ist, Geschehen adäquat wiederzugeben. Temperaturen, Lebensalter oder Größen sind z. B. offensichtlich skalierbar und sollten folglich wohl eher graduell bestimmt werden. Zwar kennt die Sprache hier auch Mittelbegriffe wie *lauwarm, mittelalt* oder *mittelgroß,* doch drängt sie uns in ihrer Anlage eher zu den Außenpolen hin.

Hierarchisierungen

Problematisch ist hierbei auch, dass die beiden in Opposition stehenden Terme auf der Oberfläche zwar gleichwertig und „symmetrisch" erscheinen, häufig aber doch unterschiedlich empfunden werden. Analog zu *gut* vs. *schlecht* oder *wahr* vs. *falsch* gibt es oft einen Term, der uns positiver erscheint als sein Gegenpart. So empfanden meine Studierenden zu beinahe 100 % *jung* „irgendwie besser" als *alt, groß* besser als *klein* und *weiß* besser als *schwarz.* Solche impliziten Hierarchisierungen und latenten Wert-Asymmetrien lassen sich nur zum Teil aus der tatsächlichen Semantik der Begriffe erklären. Zum Teil ergeben sie sich auch aus ihrer (Schein-)Äquivalenz zu anderen Oppositionen (etwa *groß* ist besser als *klein,* denn *viel* ist besser als *wenig*) oder auch durch Formulierungsgewohnheiten aus ganz anderen Kontexten (etwa *großzügig* ist besser als *kleinlich*). Häufig ergeben sie sich aber auch aus dem Prozess der Differenzierung selbst.

Markiertheit

Ein Opponent wird dabei als gegeben gesetzt, der andere als abweichend. Tendenziell liegen unsere Sympathien eher bei ersterem, ergo dem „Normalen" (siehe Kap. 8). Für die Medialität der Sprache ist dieser Umstand vor allem deswegen bedeutsam, weil sie aus Gründen der Informationsübertragungseffizienz das „Normale" häufig unerwähnt lässt. Es ist nicht äußerungswürdig (siehe Kap. 2), da es von den Rezipienten selbstständig ergänzt werden kann. Dieser Prozess der „Unterschlagung des Normalen" lässt sich etwa an der Opposition *bekleidet* vs. *nackt* illustrieren.[8] Der Umstand, dass jemand bekleidet ist, ist in unserem Alltag der Regelfall, sodass ich ihn bei den allermeisten Geschehensschilderungen nicht explizit zu erwähnen brauche, etwa: *Ein Mann ging zum Bäcker. Er war bekleidet.* Wäre der Mann indes nackt unterwegs zum Bäcker, wäre das als abweichender Fall wohl eher erwähnenswert. Mit Erika Greber lässt sich der normentsprechende Term als *unmarkiert* und damit merkmallos bezeichnen, der abweichende Term entsprechend als *markiert* und damit merkmalhaft.[9] Kontextbedingt kann der Status der Markiertheit allerdings auch wechseln. So erschiene der Umstand, dass jemand bekleidet zur Welt kommt, wohl weit bemerkenswerter als dessen Nacktheit.

Wie problematisch oppositionelle Denkmuster in ihrer kontradiktorischen, hierarchisierenden und markierenden Tendenz sind, lässt sich etwa am Beispiel der Opposition *weiß* vs. *schwarz* veranschaulichen, wobei sich das Schwarzweißdenken hier ja sogar als fester Begriff zur Kritik an binaristischen Denkgewohnheiten etabliert hat. Da *weiß* und *schwarz* auch zur Beschreibung von Ethnien verwendet werden, birgt die Opposition die Gefahr rassistischer Verklärung bzw. der Legitimierung und Plausibilisierung rassistischer Ressentiments. Zunächst schließt die Opposition in ihrer kontradiktorischen Anlage andere Ethnien latent aus und positioniert Schwarze und Weiße als Antagonisten, zwischen denen eine maximale Diffe-

8 Vgl. Greber 1999, S. 175.
9 Ebd.

renz zu bestehen scheint. *Weiß* erscheint zudem tendenziell als positiverer Begriff, schon weil er Assoziationen zu Reinheit, Helle und Unschuld weckt. *Schwarz* ist indes stärker mit Assoziationen von Dunkelheit und vermeintlicher Bösartigkeit belegt, was sich auch in Wendungen wie *schwarzsehen* oder *anschwärzen* wiederfindet. In einer weißen Mehrheitsgesellschaft ist *weiß* zudem der unmarkierte Normalzustand und wird daher immer da angenommen, wo kein expliziter Indikator auf eine andere Ethnie schließen lässt. Der oben erwähnte Mann wird folglich automatisch als weiß imaginiert. Wollten wir ihn schwarz imaginiert wissen, müssten wir seine Hautfarbe explizit erwähnen, was diesem Umstand allerdings den Status einer erzählwürdigen Besonderheit verleihen würde.

In der Analyse von strukturbildenden Oppositionen in Texten lässt sich fragen, welche Terme wie miteinander opponiert werden. Gibt es dabei Asymmetrien, ungewöhnliche Opponenten oder eigenwillige Differenzierungen? Werden womöglich gar gängige Oppositionsmuster unterwandert? Als Beispielgedicht dient in diesem Fall Ralf Rothmanns BERGSCHÄDEN, FAMILIENBILD von 1987.

Bergschäden, Familienbild

Sie summt in ihrer Wolke
aus Bohnerwachs und Schaum
und ruft mir zu: Mach dich nicht schmutzig!
  Die Türen glänzen wie Glas
  gelüftet sind die Kissen
  die Fenster blank wie nichts:

Unter Tage rammt ein Mann
Balken in den Berg, schlägt sich
durch eine Hölle aus Stein
und träumt im Staub seinen Traum
  von einem goldenen Zuhause
  von Himmeln wie in Illustrierten:

Sie ist ein herrischer Engel
der aufflammt bei jedem Dreck.

Aus dem Holzlöffel schlagen Blitze
mit dem Teppichklopfer zaubert sie mir
ein Nachthemd aus Striemen
mit bloßen Blick verheert sie meinen Schlaf:

Unter Tage treibt ein Mann
Meißel in die Kohle
gräbt sich vor zum nächsten Ersten.
In den Schächten versteinern ihm Hände und Mund
und er kommt
zerreibt ihre Nächte:

Sie ist eine Puppe aus Nylon und Lack
im Kopf die abwaschbare Rose, Lieder
aus dem Radio, Glück aus dem Versandhaus.
Sie tanzt vor dem Spiegel im glitzernden Kleid
wehrt ab meinen Kuß
verwünscht meine Wünsche:

Unter Tage schaufelt uns ein Mann
ein schön möbliertes Grab
und Töpfe voller Eintopf.
Im Dunkeln verblüht sein blauer Blick
und Flüche schwärzen seinen Stern:

Da knicken die Stützen
der Berg bricht ein, der Schacht
schlägt über ihm zusammen.
Der Schreck kommt an
als Telegramm.

Sie ist ein Wirbel aus Parfüm
das Haar erstarrt im eisigen Spray
die Hände voll funkelnder Krallen –
so zieht sie mich aus dem Spielzeug
durch die hupende Stadt
an ein Bett voller Blut:

Darin liegt ein Mann
unter Bergen aus Schmerz
ein Mann der fiebernd stöhnt
Meine Familie.

Erstverständnis

Der Text erscheint mir bereits bei der ersten Lektüre – vermutlich sensibilisiert durch den Titel – als eine Art Portrait einer Kleinfamilie aus dem Arbeitermilieu. Abwechselnd fokussieren die ersten sechs Strophen dabei mal auf die Mutter, die offensichtlich Hausfrau ist, und mal auf den Vater, der als Steiger im Bergbau arbeitet. Ab der siebten Strophe wandelt sich der Text dann zu einer Katastrophengeschichte, da der Vater Opfer eines Schachtunglücks wird. Im Krankenhaus treffen Mutter, Vater und Kind zum Ende hin dann aufeinander.

Die Äußerungsinstanz lässt sich leicht als das Kind identifizieren, auch wenn die Sprache nicht unbedingt die eines Kindes ist, sondern wohl eher die, eines sich in die (eigene?) Kinderposition rückversetzenden Poeten.

Oppositionelle Anlage

Für die Oppositionsanalyse ist die Position des erzählenden Kindes besonders interessant. Grundsätzlich wird das Kind durch sein Äußerungs- und damit Auslegungsprivileg zur eigentlich dominanten Figur in diesem Text. In der sprachlichen Darstellung wird es aber deutlich marginalisiert. Die familientypische Dreipoligkeit von *Vater, Mutter* und *Kind* wird im Text zu einer deutlichen Binäropposition zwischen *Vater* und *Mutter* ummodelliert.

Die beiden in Opposition stehenden Figuren sind jeweils die Akteure ihrer Strophen. Ihre einzige explizite Interaktion im Text findet sich in der vierten Strophe, wenn der Vater der Mutter „die Nächte zerreibt“, was ich als Form des Beischlafs deute. Darüber hinaus sind beide bis zuletzt separiert und autonom. Der Text inszeniert sie in vielfacher Hinsicht als *Antagonisten,* d. h. Gegenspieler.

Vater vs. Mutter

Dem traditionellen Rollenbild einer Arbeiterfamilie des Ruhrgebiets der 60er oder 70er Jahre entsprechend lassen sich der Vater-Seite die Terme *Männlichkeit* und *Arbeit,* der Mutter-Seite entsprechend die Terme *Weiblich-*

keit und *Haushalt* zuordnen. Beide werden zudem in oppositionellen Räumen positioniert, ein unter- und ein oberirdischer, die der Text nutzt, um eine topographische Opposition von *oben* und *unten* zu generieren. Die Vater-Sphäre ist unten, sie ist dunkel und schmutzig, die Mutter-Sphäre ist dagegen oben, hell und sauber. Analog scheint der Text eine Wertung anzubieten, die die Vater-Sphäre als „Hölle“ negativ erscheinen lässt, die Mutter-Sphäre indes als Himmel („Wolke“, „Engel“) positiv konnotiert. Doch entgegen dieser Erwartung wird die Sphäre der Mutter durch deren „herrisch[e]“ Bedrohlichkeit und Aggressivität analog oder sogar stärker als Schreckensort markiert.

erlebt vs. imaginiert

In diesem Zusammenhang gilt es, die Position des Kindes in den Blick zu nehmen, dessen Ausführungen letztlich die oppositionelle Anlage und damit die Wertungsstruktur des Textes produzieren. Es gehört selbst dem Raum der Mutter zu und erlebt diese entsprechend als *Anwesende*, den Vater indes als *Abwesenden*. Kind und Mutter stehen innerhalb ihres Raumes ebenfalls in Opposition, wobei sich das Kind anscheinend nach der Zuneigung der Mutter sehnt, die diese verweigert („wehrt ab meinen Kuß / verwünscht meine Wünsche:“). Die Asymmetrie in den Distanzverhältnissen zu beiden Eltern schlägt sich etwa in der Adressierung nieder, die Mutter wird stets mit dem definiten Pronomen *Sie* bezeichnet, das die Mutter-Strophen jeweils einleitet. Die dadurch provozierte Großschreibung lässt das Wort als *Homonym* („Teekesselchen“) zur Höflichkeitsform *Sie* erscheinen und verstärkt so noch den Eindruck einer emotionalen Distanz, der sich bereits dadurch einstellt, dass die Figur nie als Mutter oder Mama bezeichnet wird. Der Vater wird völlig anonym und indefinit als *ein Mann* referiert. Der Ausdruck markiert die Fremdheit dieser Figur für das Kind, die es nicht einmal in der finalen Begegnung am Krankenbett abzulegen scheint. Entsprechend lässt sich die Mutterseite als erlebte Sphäre bestimmen, die Vaterseite dagegen als imaginierte.

Tiefe vs. Oberfläche

Dies ist insofern ein interessanter Befund, weil uns der Text an den Gedanken des (imaginierten) Vaters teilhaben lässt („er träumt im Staub seinen Traum“), die (erlebte) Mutter kein entsprechendes „Innenleben“ erhält. Stattdessen wird sie über ihr Figureninventar zur Ikone von Oberflächlichkeit und Künstlichkeit stilisiert („Bohnerwachs“, „Nylon“, „abwaschbare Rose“, „Parfüm“, „Spray“, usw.). Der topographischen Binäropposition zwischen den Habitaten lässt sich daher die Differenz zwischen *Tiefe* und *Oberfläche* in der Charakterzeichnung beiordnen.

Auch in ihrem jeweiligen Verhältnis zur Gegensphäre stehen die beiden Figuren in Opposition. Während sich der Vater nach der Gegenseite sehnt („Traum von einem goldenen Zuhause“) und sein Handeln als deren wirtschaftliche Grundlage skizziert wird („zum nächsten Ersten“, „ein schön möbliertes Grab“, „Töpfe voller Eintopf“), legt die Mutter dem Anschein nach alles daran, die Sphäre des Vaters zu verdrängen, indem sie ihr Kind zur Sauberkeit gemahnt und „aufflammt bei jedem Dreck“.

Kräfteverhältnis

Die Kräfteverhältnisse zwischen Vater und Mutter scheinen – wider Erwarten – nicht den patriarchalen Klischees zu entsprechen, d. h. die Mutter erscheint als wesentlich stärker, dominanter und autonomer. Sie kontrolliert ihr Habitat und dominiert das Kind. Dabei werden ihr sogar magische Fähigkeiten zugesprochen wie Zaubern, Blitze Schlagen und Verwünschen. Der Vater muss indes in seinem und gegen seinen Raum einen aussichtslosen Überlebenskampf bestehen und der Einsturz der „Stützen“ belegt seine Unterlegenheit. In dieser Inversion der Kräfteverhältnisse mag man ein generelles Statement des Textes zur Rolle von Mann und Frau im Arbeitermilieu erkennen. Der Vater ist (lohn-)abhängiger „Knecht“, die Mutter autonom waltender Haushaltvorstand.

Sprachregister

Die Oppositionsstruktur in der Anlage des Textes bildet sich zunächst nicht unmittelbar in der Sprache ab, d. h., dass sich die Vater- und Mutter-Strophen im Duktus nicht wesentlich unterscheiden. Beide eint etwa die magische oder märchenhafte Darstellung der Figuren. Die Mutter wird als Hexe oder böse Königin skizziert, der Vater analog dazu als eine Art Erddämon, dem Hände und Mund „versteinern“. Dennoch finden sich auch bei der Betrachtung der sprachlichen Register Oppositionsstrukturen. So lässt sich sprachlich die Sphäre des „Magischen“ mit der Sphäre des „Profanen“ opponieren, die durch Begriffe wie „Bohnerwachs“, „Illustrierten“, „Teppichklopfer“, „Radio“, usw. aufgerufen wird. Dadurch dass der Text diese Sphären aber gerade nicht trennt, (indem er die eine etwa exklusiv dem Vater, die andere der Mutter zuordnet) sondern beide mischt, produziert er eine merkwürdig verzerrte Darstellung der Ereignisse, die womöglich der phantasievollen Perspektive des Kindes entsprechen soll.

Harmonisierung und Auflösung

Die letzte Strophe verdient als „Begegnungsstrophe" besondere Aufmerksamkeit, schon weil sie sich nicht in das Oppositionsmuster einfügt. Typographisch fällt bereits auf, dass hier erstmalig auf die merkwürdige Einrückung verzichtet und das Schriftbild somit harmonisiert wird. Sollten dadurch vielleicht die titelgebenden (Berg-) Schäden im Familiengefüge repräsentiert werden, die zum Ende hin getilgt werden? Die Begegnung zwischen Kind und Vater stiftet dem Anschein nach erst die „Familie", die in der letzten Zeile dann auch erstmalig als solche bezeichnet wird. Beinahe erscheint der Begegnungsmoment am „Bett voll Blut" daher wie eine Geburtsszene. Dabei lässt der Text offen, wer die letzte Zeile und damit das Bekenntnis zur Zusammengehörigkeit eigentlich äußert. Ist es der stöhnende Vater oder das resümierende Erzählerkind? Vermutlich will der Text durch die Ambivalenz die Verschmelzung der beiden suggerieren. Die Mutter scheint indes aus dem Bild zu verschwinden.

Zwei Segel

Die Unterwanderung oder Auflösung von Binäroppositionsmustern ist ein mindestens genauso spannender Befund einer Oppositionsanalyse wie die strikte Einhaltung. Daher möchte ich beim Blick auf unseren Segeltext auf solche Oppositionsunterwanderungen achten. Die übergreifenden Befunde zur Vermeidung von Unterscheidbarkeit kann ich so durch die Oppositionsanalyse vielleicht noch pointieren.

Unterwanderung von Oppositionen

Es stellt sich nämlich die Frage, ob der Text nicht gezielt binaristische Denkmuster unterwandert und dies womöglich sogar sein zentrales Anliegen ist. So werden insbesondere die prototypischen Opponenten *das eine* und *das andere* durch den unbestimmten Gebrauch ihrer differenz-markierenden Funktion beraubt. *Zwei* und *eins* werden faktisch zur Bezeichnung desselben verwendet, wobei letzteres ersteres im Laufe des Textes – in womöglich bedeutungsvoller Weise – ablöst. Die Unentscheidbarkeit, ob es sich um zwei

Boote, ein Boot mit zwei Segeln oder ein sich spiegelndes Boot mit einem Segel handelt, erscheint mir in diesem Kontext als gezielt eingesetzte Ambivalenz bzw. „kalkulierte Ungenauigkeit".[10] Das „Zwei-in-Eins" des Textes wird zudem sogar metapoetisch in die Form der Allegorie, also der Zweirede überführt (also Segeltext und Beziehungstext in einem). Die mehrfach rekurrierenden Opponenten *Ruhe* und *Hast* werden durch das Parallelverhalten der Segel in gewisser Hinsicht harmonisiert (s. u.) und im scheinparadoxen Ausdruck „ruhiger Flucht" begrifflich zusammengeführt. Durch die zuvor analysierte Vermeidung aktiver oder passiver Zuordnungen wird zudem eine grammatikalisch und damit sprachsystematisch geradezu notwendige Kennzeichnung unterwandert.

Opposition der Geschlechter

Eine klassische Binäropposition wird indes wider Erwarten gar nicht erst aufgerufen, nämlich die zwischen *Mann* und *Frau*. Diese ist in der kulturwissenschaftlichen Analyse die wohl meistbeachtete Differenzierung überhaupt und gilt als Präzedenzfall im Exponierungsprozess zweiwertiger Hierarchisierungsmuster.[11] „Der Mann" wird hierbei entlarvt als „das Basisprinzip für männlich dominierte Gesellschaften".[12] „Die Frau" erscheint dagegen als „nicht-Mann" und damit implizit ausgeschlossener Antagonist.

Im Medium Sprache bildet sich dieses Ungleichgewicht besonders eindrücklich ab, z. B. in seinem Gebrauch des *generischen Maskulinums*, d. h. der Verwendung eindeutig männlicher Formen, wenn das Geschlecht im Text nicht bestimmt oder nicht relevant ist (z. B. *Ist ein Arzt anwesend?*). Auch die Möglichkeit, Substantive durch das Suffix *-in* zu flektieren und dabei als „weiblich" zu markieren, stellt in gewisser Hinsicht die „Anomalie" des Weiblichen aus, wie auch das implizite „Interesse" des Mediums Sprache an Geschlechterinformationen.

Dass der Text auf eine Geschlechtermarkierung verzichtet, erscheint gerade für ein Liebesgedicht ungewöhnlich, insbesondere dann, wenn womöglich der Sexualakt beschrieben wird. Die Auf-

10 Berensmeyer 2010, S. 42.
11 Vgl. etwa Vinken 1995, S. 67.
12 Eagleton 1992, S. 116.

hebung ihrer Unterscheidbarkeit erscheint mir als Akt der sprachlichen Gleichberechtigung und für das Jahr 1882 sehr fortschrittlich. Oder handelt es sich womöglich sogar um einen heimlich homoerotischen Text?

9. Sympathielenkung

Texte enthalten in der Regel implizite und explizite Wertungen, die es zu ermitteln und ergründen gilt. Welche Positionen werden etwa privilegiert oder exponiert dargestellt? Welche Attribute werden vergeben? Auf welche Wertideologie wird rekurriert? In diesem Kapitel wollen wir uns daher einführend mit der Sympathielenkung in Texten auseinandersetzen, d.h. mit sprachlichen Verfahren, die geeignet erscheinen, bei ihren Rezipienten Empathie, Sympathie und auch Antipathie für bestimmte Figuren und Positionen zu erzeugen und zu konfigurieren.

Empathie, Sympathie und Antipathie

Unter *Empathie* versteht man in diesem Zusammenhang die Fähigkeit zur Einfühlung in eine andere Person, d.h. zum Nachvollzug ihrer Gefühle und Motive. Empathie kann zu einer Identifikation mit der entsprechenden Person führen wie auch zu einer „Gefühlsansteckung“,[1] also einer (in etwa) äquivalenten Co-Erfahrung. Empathie gilt als wesentliche Voraussetzung für *Sympathie,* also die emotionale Parteinahme für eine Person und ihre Positionen. Für *Antipathie,* also die emotionale Ablehnung einer Person, ist Empathie hingegen eher hinderlich. Sie basiert demnach häufig auf dem Widerwillen sich in eine Person einzufühlen.[2]

Seit der Entdeckung der sogenannten Spiegelneuronen Anfang der 1990er Jahre erlebt die Empathieforschung in unterschiedlichen Disziplinen eine Konjunktur. Es zeigte sich nämlich, dass bei der Beobachtung einer intentionalen motorischen Handlung die gleichen Nervenzellen aktiviert werden wie bei der eigenen, also selbst-aktiven Durchführung derselben Handlung.[3] Handlung und Wahrnehmung sind im menschlichen Gehirn folglich nicht kategorisch getrennt.[4] Literatur erscheint demnach durch ihre Darstellung von und Einfühlung in Subjekte(n) großes modellbildendes Poten-

1 Lusin 2014, S. 13.

2 Vgl. Fehlberg 2014, S. 37.

3 Vgl. Breithaupt 2009, S. 41.

4 Hanenberg 2014, S. 42.

tial zu bergen. Die Literaturtheorie war bereits in ihren antiken Anfängen an Identifikationsmomenten und Techniken der Rezeptionslenkung interessiert. So widmet sich etwa Aristoteles in seiner Poetik ausführlich der *Katharsis,* d. h. der Reinigung des Publikums von Affekten durch deren emotionalen Mitvollzug bei der Dramenrezeption[5] und auch die antike Rhetorik fokussiert als „Überredungskunst“ auf Möglichkeiten der Sympathielenkung, um die Gunst der Hörerschaft zu gewinnen.

Wirkungsdispositionen

Inwieweit ein Text tatsächlich zu einer spezifischen emotionalen Reaktion führt, ist über eine reine Textanalyse kaum bestimmbar und gehört wohl eher in das Feld von Emotions- und Kognitionspsychologie. Am Text lassen sich allerdings *Wirkungsdispositionen* beobachten, die als „literarische Emotionalisierungsangebote“[6] betrachtet werden können. Die Wirkungsdispositionen eines Textes ergeben sich dem Literaturwissenschaftler Rüdiger Zymner zufolge aus den „im Text verwendeten poetischen Mittel[n]“. Durch deren Zusammenspiel sei ein Text „im Prinzip dazu geeignet, bestimmte Wirkungen zu erzielen (zum Staunen bringen, zum Lachen, etwas oder jemanden herabsetzen, eine Vorlage für eigene Zwecke verwenden etc.)“ oder aber auch ungeeignet für bestimmte andere Wirkungen.[7] Zymner unterscheidet die Wirkungsdispositionen von der Wirkungsintention, d. h. der „Absicht, jemanden zum Staunen zu bringen, jemanden zum Lachen zu bringen usw.“ und von der tatsächlichen Wirkung, „das Staunen, das Lachen etc.“[8] Auch wenn die durch die Wirkungsdisposition erwartbare Wirkung nicht einträte, ändere dies nichts an der Wirkungsdisposition selbst, die eine Eigenschaft des Textes bleibe.[9] Natürlich unterliegen auch Wirkungsdispositionen potentiell einem historischen Wandel, sodass etwas, das im 16. Jahrhundert üblicherweise „Komik“ evozierte, nach heutigen Standards womöglich eher „Verwirrung“ hervorruft.

5 Vgl. Aristoteles: POETIK, Kap. 6.
6 Reitz 2014, S. 153.
7 Zymner 2003, S. 187.
8 Ebd.
9 Ebd.

Reklame

Wohin aber gehen wir
ohne sorge sei ohne sorge
wenn es dunkel und wenn es kalt wird
sei ohne sorge
aber
mit musik
was sollen wir tun
heiter und mit musik
und denken
heiter
angesichts eines Endes
mit musik
und wohin tragen wir
am besten
unsre Fragen und den Schauer aller Jahre
in die Traumwäscherei ohne sorge sei ohne sorge
was aber geschieht
am besten
wenn Totenstille

eintritt

Grundsätzlich erscheint es mir sinnvoll, von den eigenen Empfindungen beim Lesen auszugehen und auf dieser Grundlage den Text zu befragen, wie die entsprechende Emotion provoziert wurde. Als Beispiel dient mir dabei Ingeborg Bachmanns Gedicht REKLAME von 1956.

Erstverständnis

Der Text lässt sich als Wechselrede zwischen zwei unterschiedlichen Äußerungsinstanzen verstehen, da beide typographisch unterschiedlich gestaltet wurden; der Text von Instanz 2 ist kursiv gesetzt, der von Instanz 1 dagegen in recte (also normal). Instanz 1 stellt dabei recht kryptische, dem Anschein nach aber existentielle Fragen. Instanz 2 rät indes dazu, „ohne sorge" zu sein, also das Leben leicht zu nehmen. Auf Basis dieser Kurzparaphrase könnte man vermuten, dass die Sympathien mehrheitlich jener positiven, lebensbejahenden Position von Instanz 2 zukommen. Tatsächlich aber sympathisieren alle mir bekannten Interpreten, wie auch die allermeisten meiner Studierenden mit Instanz 1 und auch ich fühle mich dieser irgendwie näher. Doch woran liegt das?

dichotomische Anlage

Zunächst lässt sich in Rückbezug auf das letzte Kapitel feststellen, dass die oppositionelle Anlage des Textes eine Parteinahme provoziert, indem sie uns eine dichotomische Unversöhnlichkeit der Positionen suggeriert. Hierzu trägt wohl auch der Verzicht auf eine vermittelnde, außenstehende Erzählinstanz bei. Wir werden quasi direkt in den Konflikt gezogen, statt ihn mit Abstand beobachten zu können. Allerdings verzichtet der Text damit auch darauf, selbst die beiden Instanzen explizit zu bewerten oder Innenansichten und Gedanken der Figuren zu vermitteln, die mich näher an sie heranführen würden.

Eine Parteinahme für eine Position lässt sich grundsätzlich sowohl rational wie emotional legitimieren. Um Sachgründe für die Unterstützung der Position 1 zu ermitteln, müssen wir natürlich zunächst ein klareres Verständnis des Textes entwickeln. Eine gängige Lesart identifiziert Instanz 1 als ein kritisches Individuum in den Wirtschaftswunderjahren der Nachkriegszeit, das schwerwiegende Fragen nach den letzten Dingen („angesichts eines Endes", „Totenstille") und den gesellschaftlich verdrängten Traumata von Krieg und Naziregime („den Schauer aller Jahre") stellt. Instanz 2 wird – vermutlich angeregt durch den Titel des Gedichts – zumeist als „Werbestimme" aufgefasst, also als Repräsentantin der kapitalistischen Konsumkultur, die unablässig auf ihr Gegenüber einredet und dabei für Zerstreuung und Verdrängung wirbt.[10] Gleichzeitig lässt sich aber auch Instanz 1 als „Reklame-Stimme" ausmachen, insofern sie ein Recht auf Fragen und Zweifel zurückzufordern, d. h. zu reklamieren scheint.

Für meine persönliche Parteinahme ist die merkwürdige Vermengung von Vergangenheits- und Todes-Verdrängung eigentlich unlauter. Während ich nämlich eindeutig der (gängigen) Meinung bin, dass die Aufarbeitung der Nazi-Verbrechen unbedingt notwendig

10 Vgl. etwa Hinck 1990, Schläbitz 2007 oder Hoffmann 1998.

ist und war, erscheint mir eine (dauernde?) Mahnung, man solle sich doch seiner eigenen Sterblichkeit bewusst sein, nicht unstrittig begrüßenswert. Was spricht dagegen sich „heiter" und „mit musik" von Tod und Sorge abzulenken? Oder will der Text nur ausstellen, dass die konsumkulturellen Ablenkungen letztlich notwendigerweise verstummen, „wenn Totenstille eintritt"?

Topoi

Mit einer Figur bzw. deren Position zu sympathisieren, fällt uns grundsätzlich leichter, wenn wir in ihr unsere eigene „Wertehaltung" entdecken.[11] In der vorgestellten Lesart schließt die Opposition der Antagonisten an bekannte Oppositionsmuster an, die heutzutage in aller Regel zu Gunsten von Instanz 1 bewertet werden, wie Tiefe vs. Oberflächlichkeit, Minderheit vs. Mainstream oder auch Rebell vs. System. Für die strategische Sympathielenkung ist eine solche Anbindung essentiell. In jeder Gesellschaft gibt es Gemeinplätze *(Loci communes)*[12] und argumentative Bezugsnormen *(Topoi),*[13] die als standardisierte und habitualisierte „Denkgewohnheit" etabliert sind. Wer auf solche Bezug nimmt, stiftet Plausibilität, schafft Identifikationsangebote und wirkt dadurch suggestiv überzeugend.[14] Indem Instanz 2 etwa als „Werbestimme" bestimmt wird, ergibt sich ein Anschluss an die durchaus konsensuelle Meinung, dass Werbung manipulativ und penetrant und damit schlecht ist.

Die Traumwäscherei

Ihr vermeintlich beworbenes „Produkt", die „Traumwäscherei", weckt Assoziationen zur Traumfabrik, also der bildgewaltigen amerikanischen Filmindustrie. Doch auch die Gehirnwäsche klingt an und das Trauma, von dem man dort womöglich „reingewaschen" wird. Hierin erinnert die Traumwäscherei an die fragwürdigen „Persilscheine", die in der Entnazifizierungsphase in Nachkriegsdeutschland von den Alliierten ausgestellt wurden, um vielen Deutschen ein „reines Gewissen" zu attestieren. Als seriöse Institution zur Aufarbeitung der Vergangenheit scheint sie indes nicht zu taugen.

11 Anz 2014, S. 158.
12 Vgl. etwa Hebekus 1995, S. 91.
13 Vgl. etwa Bornscheuer 1976, S. 96.
14 Vgl. etwa Ottmers 2007, S. 88 ff.

Instanz 2 als Werbestimme?

Auch wenn der Titel des Gedichtes unweigerlich vermuten lässt, dass Instanz 2 hier Repräsentantin der Werbung ist und man ihre Motive durchaus plausibel in der Bewerbung jener „Traumwäscherei" erkennen kann, entspricht ihr Sprechverhalten m. E. nur bedingt dem eines typischen Werbespots. Werbung zielt ja in der Regel nicht darauf ab, Rezipienten mit ihrer Situation zu versöhnen, sondern soll im Gegenteil, auf Defizite in ihrem Leben verweisen, die durch das beworbene Produkt dann angeblich behoben werden können. Zwar hat ihr „sei ohne sorge" durchaus Qualitäten eines Slogans, doch scheint mir dessen mantra-artige Wiederholung eher einzulullen, als zu versuchen, Aufmerksamkeit und Momentum zu generieren, wie es Werbung gemeinhin versucht.

Sprechverhalten der „Werbestimme"

Grundsätzlich ist das Sprechverhalten von Instanz 2 wohl erst einmal als ein Beruhigen, vielleicht sogar als ein Trösten zu klassifizieren und damit als Akt, der gemeinhin durchaus Sympathie erfährt. Auch spricht sie ihr Gegenüber in der zweiten Person Singular an – also duzend –, wodurch eine gewisse Nähe und Vertrautheit suggeriert wird. Wie kommt es, dass wir dennoch eher Antipathie verspüren?

Verdacht der Unaufrichtigkeit

Vermutlich liegt dies daran, dass uns die Sorge um ihr Gegenüber – die Instanz 2 bezeichnenderweise zu erkennen gibt, indem sie dazu gemahnt, ohne Sorge zu sein – unaufrichtig erscheint. Dieser Eindruck entsteht wohl dadurch, dass sie nicht auf die Fragen und Einwände ihres Gegenübers eingeht. Lediglich auf die Frage nach dem Wohin reagiert Instanz 2 mit einer kohärent anschließenden Reaktion, da sie ein potenzielles Ziel („die Traumwäscherei") anbietet. Allerdings fällt auch hier auf, dass ihre Antwort bereits einsetzt („am besten"), bevor sie erfahren hat, was überhaupt „transportiert" werden soll (die „Fragen und den Schauer aller Jahre"). Das Mantra der Sorglosigkeit scheint „abgespult" zu werden, als Passe-partout-Entgegnung ohne jeglichen spezifischen Fragen-Bezug. Zudem produziert die Befehlsform einen autoritären Unterton. Die Antipathie, die diese Beliebigkeit erweckt, wird durch die individuelle Anrede noch verstärkt. Werbetypisch wird eine Massenbotschaft rhetorisch als Individualbotschaft bemäntelt, wobei die kursive Setzung vielleicht auf eine medienvermittelte Verzerrung hinweisen soll, also auf eine „Lautsprecherstimme“ aus Radio oder Fernsehen. Bezeichnenderweise adressiert sich Instanz 1 dagegen selbst nicht als Individuum, sondern im kollektiven *wir.* Oder handelt es sich bei Instanz 1 gar um eine Gruppe, die im Chor spricht? Womöglich stellt der Text hier eine grundsätzliche Kritik am kapitalistischen (Pseudo-) Individualismus aus und wirbt stattdessen für einen (sozialistischen?) Kollektivismus.

Informationsdichte

Während mir die (Für-)Sorge von Instanz 2 unaufrichtig erscheint, wirken die Sorgen von Instanz 1, durch die Vehemenz, mit der sie sich für ihre Fragen einsetzt, aufrichtig und erzeugen bei mir Mitgefühl. Hinzu kommt, dass mir Instanz 1 im Verlauf des Textes durch die Kenntnis ihrer Sorgen „vertrauter“ wird, während ich über Instanz 2 beinahe nichts erfahre. Bereits die bloße Menge an Informationen, die ich über eine Person zu haben glaube, wirkt sich nämlich auf meine Haltung zu dieser aus; je bekannter (und damit vertrauter) sie mir scheint, desto eher neige ich dazu, mit ihr zu sympathisieren.[15]

Primär- und Rezenzeffekt

Instanz 1 ist für die meisten Rezipienten nicht nur der Sympathieträger, sondern wird in Analysen und Interpretationen auch stets als das „lyrische Ich“ und damit als eigentlicher „Protagonist“ des Textes ausgemacht, obwohl Instanz 2 einen ähnlich großen Redeanteil hat. Beide Befunde hängen offenbar zusammen. Ihren Status als Hauptfigur und Handlungsträger erhält Instanz 1 trivialerweise wohl auch dadurch, dass sie im Text als erstes das Wort ergreift und damit unsere Aufmerksamkeit zunächst auf sich lenkt. Kognitionspsychologisch betrachtet profitiert sie in dieser Position durch den sogenannten *Primäreffekt,* demzufolge eine zuerst eingehende Information stärker wirkt als die nachfolgenden. Instanz 1 begegnet uns damit als gegebene Instanz, Instanz 2 indessen als abweichende „andere“ (siehe Kap. 7). Zudem endet der Text auch mit den Worten von Instanz 1, wodurch sie eine weitere exponierte Position im Text besetzt und vom *Rezenzeffekt* profitiert, nach dem wiederum

15 Vgl. Anz 2014, S. 162.

die zuletzt eingegangene Information besonders stark im Gedächtnis nachwirkt.[16]

Unterwanderung der Linearität

Die notwendig lineare Anlage des Textes als Sprachprodukt (siehe Kap. 2) wird in diesem Fall allerdings ein Stück weit *subvertiert,* also unterwandert. So ergreift Instanz 1 zwar das Wort, macht durch das „aber" allerdings deutlich, dass sie auf etwas zuvor Gesagtes reagiert. Da dem Slogan von Instanz 2 zu Beginn das einleitende „sei" fehlt, lässt sich vermuten, dass deren „Mantra" bereits zuvor eingesetzt hat, also vor Beginn des Textes. Vielleicht stellt der Text nur einen Ausschnitt eines bereits lang andauernden „Gesprächs" da, in dem Instanz 2 ihren „Sing-Sang der Sorglosigkeit" unbeirrt fortsetzt, während Instanz 1 vehement versucht, sich Gehör zu verschaffen. Womöglich versucht der Text in seiner typographischen Anordnung auch, eine Gleichzeitigkeit der Äußerungen darzustellen. Hierfür sprechen die Satzanschlüsse zwischen den Versen der jeweiligen Instanz, die es unwahrscheinlich erscheinen lassen, dass tatsächlich eine Sprechpause zwischen ihnen besteht.

wachsende Vehemenz

Beide Instanzen reden folglich gegeneinander an und entwickeln – in meiner Wahrnehmung – jeweils eine unterschwellige Aggressivität dabei. Bei Instanz 1 wirkt das beinahe programmatische *aber* entsprechend, das im Verlauf ihrer Rede dreimal wiederholt wird (einmal sogar eine ganze Zeile einnimmt) und den Sprechakt jeweils als Einwand markiert. Bei Instanz 2 entsteht bei mir der Eindruck einer wachsenden Vehemenz der Äußerungen durch die wiederholte Forderung „heiter und mit musik", die schlagwortartig skandiert wird. Es erscheint mir, als würde die Lautstärke angehoben, um die Einwände wortwörtlich zu übertönen.

Aus dieser Beobachtung ergibt sich für mich eine neue Lesart, die in Instanz 2 jemanden erkennt, der gar nicht versucht, Instanz 1 zu überzeugen, sondern vielmehr zu sich selbst spricht, um sich durch eine versuchte „Selbsthypnose" von den unangenehmen Fragen des anderen abzuschotten, der ihn im kollektiven *wir* immer mitadressiert. Dass die Nichtbeachtung misslingt, belegt nicht nur die wach-

16 Vgl. etwa Atkinson und Shiffrin 1968.

sende Vehemenz der Übertönungsversuche, sondern auch die Reaktion auf die Wohin-Frage (s. o.), die erkennen lässt, dass Instanz 2 doch hört, was Instanz 1 äußert. So könnte man Instanz 1 auch als das „beißende Gewissen der traumatisierten deutschen Nachkriegsgesellschaft“ deuten, das bis zuletzt nicht verstummt, oder gar als Chor der Opfer des Naziregimes. In dieser Lesart gewinnt die werbegeschädigte, verzweifelt um Ablenkung ringende Instanz 2 dann doch noch mein Mitgefühl und damit auch meine Sympathie.

Zwei Segel

Wie sieht es nun mit der Sympathielenkung in unserem Segel-Gedicht aus? Zunächst lässt sich feststellen, dass durch die Ununterscheidbarkeit der Segel eine Parteinahme für eines von beiden recht unmotiviert erschiene. Auch die Äußerungsinstanz bietet sich durch ihre Diskretion als Identifikationsfigur nicht wirklich an. Ihre Sprache erscheint mir für einen Liebes-Text ungewöhnlich neutral und eher beschreibend als mahnend, ratend oder fordernd. Nur wenige Begriffe sind dabei eindeutig positiv *(hell/Gesell)* oder negativ *(Flucht)* besetzt. Dennoch wirkt die dargestellte Beziehung auf mich wie eine Idealvorstellung und das Segelpaar erfährt meine ganze Sympathie.

Dieser Eindruck hängt wohl stark mit der vom Text evozierten Harmonie des Paares zusammen, das bei aller Dynamik in völligem Einklang zu sein scheint. Um dieser Harmonie nun analytisch habhaft zu werden, bietet es sich an, die rhythmische Gestaltung des Textes in den Blick zu nehmen.

10. Metrum und Rhythmus

Versstruktur

Ein *Gedicht* – so lautete die gängige Minimaldefinition im REALLEXIKON DER DEUTSCHEN LITERATURWISSENSCHAFT – ist ein „Text in Versen" (siehe Kap. 1). Doch was ist eigentlich ein Vers und woran erkennt man ihn? Im Umgang mit Schrifttexten lauten die Antworten zu diesen Fragen in aller Regel schlicht: Ein Vers ist eine Zeile im Gedicht und man erkennt ihn am Zeilenumbruch.[1] Das REALLEXIKON wiederum definiert den Vers indes etwas abstrakter als „Formelement von gebundener Rede."[2] Damit ist nun gemeint, dass ein Text durch die Anordnung der Worte in Versstrukturen eine zusätzliche Reglementierung erhält, die über die „normalsprachlichen" Anordnungsregeln von Syntax und Grammatik hinausgehen (siehe Kap. 2).[3] Die Versstruktur ordnet die Worte des Textes zu Einheiten. Durch diese Ordnung erweckt der Verstext den Eindruck von Gebundenheit. Er wird von der Struktur latent durchzogen und wirkt dadurch häufig geschlossen und unveränderlich, in einem Wort *opak*.

Versordnungsprinzipien

Die Zeile ist offensichtlich zunächst ein graphisches Mittel der Strukturierung. In der Regel entspricht sie aber anderen Bindungsprinzipien, die sich auch in gesprochener Rede niederschlagen; allen voran rhythmischen Ordnungsmustern, die durch Regelmäßigkeiten in der Silbenanzahl und -betonung entstehen. Das Zeilenende lässt sich hier

1 Vgl. das berühmte Zitat von Wolfgang Kayser: „Das Auge sagt uns schnell, was Verse sind. Wenn auf einer Seite um das Gedruckte herum viel weißer Raum ist, dann haben wir es gewiss mit Versen zu tun" (Kayser 1968 [1946], S. 9).

2 März 2007, S. 760.

3 Vgl. Christian Wagenknecht: „Solche Texte gibt es in jeder heute bekannten Literatur und wahrscheinlich auch in jeder illiteraten Kultur. Sie zeichnen sich allgemein durch eine besondere Art der ‚Abweichung' von ‚normgerechter' Sprachverwendung aus, dadurch nämlich, daß das phonetische Material, dessen sie sich wie alle Texte bedienen, innerhalb syntaktischer Grenzen, nach denen sie wiederum alle Texte gegliedert sind, einer periodischen Ordnung unterworfen wird. Aufgrund dieser Ordnung teilt sich das Kontinuum der Sätze, die einen Verstext bilden, in metrische Segmente (in Verse und gegebenenfalls in Strophen) auf. Und die Metrik studiert solche Texte dann eben im Hinblick auf ihre Gebundenheit" (Wagenknecht 1981, S. 11 f.).

grundsätzlich als Zäsur und damit als Pausenzeichen deuten. Darüber hinaus sind allerdings auch andere Versbindungsprinzipien denkbar wie regelmäßige Reim- und Lautbindungen (siehe Kap. 10) oder eine festgelegte Wortanzahl (etwa bei der im handlungs- und produktionsorientierten Literaturunterricht verbreiteten Form des *Elfchens,* bei dem exakt elf Wörter in fünf Zeilen angeordnet werden müssen).[4]

Um nun die rhythmische Ordnung analysieren zu können, bedarf es zunächst einer tauglichen Begriffsdefinition von *Rhythmus.* Janina Wellmann zufolge kennzeichnet ein Rhythmus, dass in diesem die „zufällige Folge notwendige Sukzession" werde.[5] Sie führt aus:

> Rhythmus ist also eine Struktur, die einer beliebigen Abfolge von Tönen eine innere Gesetzmäßigkeit verleiht. Rhythmus setzt an die Stelle der zufälligen die geordnete, anstelle der beliebigen die notwendige Folge von Ereignissen.[6]

Variation, Konstanz und Dynamik

Dieser Eindruck einer *notwendigen* Folge geht mit einer gewissen Vorhersehbarkeit einher und bedarf dem Schweizer Schriftsteller Hanno Helbing zufolge auch eines Momentes der Wiederholung.[7] Allerdings dürfe dieser nicht als exakte Wiederholung (sofern eine solche überhaupt möglich ist) erscheinen, denn: „Regelmaß bedeutet nicht Gleichmaß. Vielmehr stellt eben dieser Extremfall den Rhythmus in Frage."[8] Im Rhythmus verbindet sich vielmehr Variation und Konstanz, weshalb Wolfgang Kayser postuliert: „Variationen in der Gleichheit – das ist das Grundgesetz aller rhythmischen Schönheit."[9] Die notwendige Variation führt wohl auch dazu, dass Rhythmen stets eine gewisse Dynamik transportieren; einen „Fluss". *Etymologisch,* d.h. wortgeschichtlich, trägt der Begriff

4 Vgl. Spinner 1998, S. 33.
5 Wellmann 2010, S. 105.
6 Ebd.
7 Vgl. Helbing 1999, S. 13.
8 Ebd., S. 48.
9 Kayser 1968 [1946], S. 106

Rhythmus dabei sowohl die Bedeutung von *Form* als auch die von *Fluss* in sich.[10]

Metrum und Rhythmus

Dem Rhythmus eines Textes analytisch habhaft zu werden, erweist sich in aller Regel als äußerst anspruchsvolles Unterfangen und die Ergebnisse als wenig konkret und belastbar.[11] Daher verwundert es, dass die Rhythmusanalyse – insbesondere in Form einer Bestimmung des Metrums – gerade im Lyrikunterricht in der Schule häufig nach wie vor als „unerlässlich"[12] gilt und zu einem der Hauptanliegen von Gedichtanalyse schlechthin stilisiert wird. Was genau das Metrum eines Textes ist und wie es sich zu dessen Rhythmus verhält, wird in Lyriktheorie viel diskutiert.[13] Für unseren Zusammenhang halte ich es für ausreichend, eine verbreitete Unterscheidung zu treffen, nach der das *Metrum* ein abstraktes Betonungsschema bezeichnet, das konzeptionell im Text angelegt ist und vorrangig über die Anzahl und Qualität der Silben bestimmt wird,[14] während sich der *Rhythmus* auf die konkrete lautsprachliche Realisierung dieses Schemas bezieht.

10 Vgl. Lubkoll: „Das griechische Wort *rhythmos* [...] wird auf zwei Wurzeln zurückgeführt. Einerseits wird es in der Forschung von griechisch *rhein* [...] = ‚fließen' abgeleitet. Damit wird Rhythmus mit der dynamischen, fließenden Bewegung mit dem Sprachrhythmus im weiteren Sinn in Verbindung gebracht. In der jüngeren Forschung wird der Begriff dagegen auf griech. *rhyomai* [...] zurückgeführt: ‚zurückhalten', ‚hemmen', ‚in Obhut halten'. Hier rückt das Prinzip der Formgebung in den Vordergrund; Rhythmus erscheint als eine Kraft, die einer Bewegung, einem Fließenden Halt gibt, er verbindet Dynamik und Ordnung" (Lubkoll 1999, S. 106).

11 Vgl. z. B. Kurz: „Die Analyse rhythmischer Strukturen ist nicht einfach. Über die Feststellung eines regelmäßigen oder unregelmäßigen Rhythmus kann man sich unschwer verständigen, über Differenzierungen wie z. B. strömender, fließender, stockender, gestauter oder hämmernder Rhythmus fällt eine Verständigung schon schwerer" (Kurz 1999, S. 6). Wolfgang Kayser glaubt gar, dass die Behandlung von Rhythmen „an die Grenze des Sagbaren und bestimmt des Lern- und Lehrbaren" führe (Kayser 1968 [1946], S. 110).

12 Werner 2010, S. 5.

13 Friedrich Georg Jünger zufolge sind etwa „Metrum und Rhythmus eins, und wir können sie nicht voneinander absondern" (Jünger 1966 [1952], S. 15). Wolfgang Kayser will beide indes strikt unterschieden wissen und glaubt gar, die genaue Erfüllung eines Metrums könne den Rhythmus geradezu „aufzehren" (Kayser 1968 [1946], S. 105). Hans Lösener verortet den Rhythmus indes gerade da, wo Metren in der Realisierung nicht eingehalten werden, da Wortakzent und Metrum differieren (vgl. Lösener 1999, S. 142).

14 Vgl. Däschler 1990, S. 304.

Diese Unterscheidung entspricht weitestgehend der Unterscheidung zwischen Schriftlichkeit und Mündlichkeit (siehe Kap. 3). Ihre zentrale Differenzqualität ist die Zeitlichkeit. Der Schrifttext ist starr und kann maximal abstrakte Informationen zur Realisierungszeit liefern; der gesprochene Text ist dynamisch und somit realzeitlich erfahrbar.[15] Entsprechend beruht das Metrum auf konventionalisierten Lautinformationen der Schriftsprache, während sich der Rhythmus aus dem jeweils einmaligen, situativ verorteten und stimmlich intonierten Vortrag ergibt.[16] Damit hat der Rhythmus wie die Stimme stets auch eine konkret körperliche Dimension, die Kurz wie folgt kommentiert:

Zeitlichkeit und Körperlichkeit

> In der Artikulation eines sprachlichen Rhythmus rhythmisieren wir auch unsere körperliche Motorik. […] Sprachlicher Rhythmus ist immer auch körperlicher Rhythmus, körperliches Agieren von Rhythmus.[17]

Grundsätzlich bestehen unendlich viele Möglichkeiten, dasselbe Metrum rhythmisch umzusetzen.[18] Gleichzeitig bleibt der Rhythmus durch die vom Metrum ausgewiesenen Spielräume genuin vorbestimmt. Eine zentrale Frage bei der Analyse von Gedichten kann daher lauten: Welche Hinweise gibt der Text in seiner metrischen Struktur auf die Art und Weise, wie er rhythmisch umgesetzt werden sollte?

gängige Versfüße

Im Schulkontext beschränkt man sich in der Regel darauf, rhythmische Informationen mittels klassischer Fuß-Metrik zu generieren, d.h. Gedichte werden danach untersucht, inwieweit die Verteilung von betonten Silben

---

15 Vgl. etwa Arndt und Fricke 2007, S. 301 ff.

16 Vgl. z. B. Mayer: „[Der] Objektivierung und Fixierung im Schriftbild entzieht sich der Rhythmus als ein Bewegungs-Vorgang, der stets aufs neue und als ein Jetzt leibhaftig erlebt werden muß" (Mayer 1959, S. 43). Vgl. auch Lösener 1999, S. 141.

17 Kurz 1999, S. 17.

18 Vgl. Vollmar: „[Der Leser] muß von den Worten auf den Ton zurückschließen. Ein solcher Rückschluß ist nicht leicht, denn die Schrift unterschlägt nicht nur all das, was den Ton der Rede ausmacht, sie hat auch noch eine unheilvolle aktive Wirkung. Sie repräsentiert Laute, Silben und Worte, trotz ihrer im Zusammenhang der Rede oft so unterschiedlichen Schallform, durch immer dieselben optischen Zeichen" (Vollmar 2008, S. 19).

(*Hebungen:* „–") und unbetonten Silben (*Senkungen:* „v") gängigen *Versfüßen* entspricht.[19] Die üblichsten Füße sind dabei bekanntlich *Jambus* (v –) wie z. B. bei *Gefährt, Trochäus* (– v) wie z. B. bei *Wagen, Anapäst* (v v –) wie z. B. bei *Schwindelei* und Daktylus (– v v) wie z. B. bei *sonderbar.* Im Schulkontext häufig unerwähnt bleibt indes der *Spondeus* (– –) z. B. bei *Vollmond,* sowie diverse Sonder- und Kombinationsformen.[20]

Dabei stellt sich zunächst die Frage, woran man erkennt, ob eine Silbe unbetont oder betont zu realisieren ist. Gerhard Kurz zufolge wirkt eine Silbe dann betont, „wenn entweder die Tonhöhe oder der Schalldruck oder die Lautstärke oder die Lautdauer verändert werden,"[21] folglich also rein phonetische Merkmale, die sich erst über die Artikulation des Wortes erschließen. Grundlage für die Betonung ist allerdings der silbenbildende Vokal (das sogenannte *syllabische Zentrum*), der auch in verschriftlichter Form Betonungsinformationen birgt.[22]

hebungs- und senkungsfordernde Silben

In mehrsilbigen, nicht zusammengesetzten Worten wird im Deutschen grundsätzlich die *Stammsilbe* betont,[23] d. h. die Silbe, die den semantischen Kern des Wortes darstellt. *Flektionssilben,* mit rein grammatischer Funktion, werden dagegen nicht betont, z. B.: laufen, Läufer, laufend (jeweils – v). Die Stammsilbe wird durch die Betonung in Relation zu ihrer Nachbarsilbe hervorgehoben *(akzentuiert),*[24] was ihre Bedeutung unterstreicht. Im Deutschen ist die

19 Die hier verwendeten Betonungszeichen, „v" für leichte bzw. unbetonte Silben und „–" für schwere bzw. betonte Silben, habe ich von Wagenknecht übernommen. Vgl. Wagenknecht 1981, S. 24.

20 Die Beispiele wurden von Burdorf übernommen (Burdorf 2015, S. 82), der seinerseits von der Tauglichkeit der Fußmetrik zu Analysezwecken nicht vollends überzeugt ist.

21 Kurz 1999, S. 17.

22 Vgl. Wagenknecht 1981, S. 16. Wagenknecht schreibt überdies zur „sachgemäßen" rhythmischen Umsetzung von Metren: „Dabei dient seit dem 18. Jahrhundert als Bemessungsgrundlage vorzugsweise der bei langsamer Artikulation korrekt akzentuierte Satz" (ebd., S. 17).

23 Vgl. Burdorf 2015, S. 62

24 Vollmar unterscheidet den *Akzent* dabei vom ebenfalls gängigen Begriff *Schwerpunkt* wie folgt: „Man darf übrigens den Akzent nicht mit dem Schwerpunkt verwechseln. Einen Schwerpunkt besitzt jede Silbe, auch die unbetonteste. Akzent

Stammsilbe häufig die erste Silbe des Wortes. Allerdings kann sie durch Vorsilben *(Präfixe)* auch an Wortmitte oder -ende gelangen, z. B. bei entlaufen oder Verlauf. Muttersprachlern würde es schwer fallen, die Stammsilben in diesen Beispielen nicht deutlich akzentuiert zu sprechen. Sie sind daher *hebungsfordernd;* die Flektionssilben entsprechend *senkungsfordernd.* Betont man sie dennoch, wird aus dem *Verlauf* in Realisation schnell ein *Fair-Lauf.*

hebungsoffene Silben

Viele Silben geben allerdings kaum Auskunft darüber, ob sie betont oder unbetont realisiert werden wollen. Bei den eingangs zitierten Beispielen ist m. E. etwa gar nicht auszumachen, ob *Schwindelei* notwendig im Anapäst zu betonen ist (eigentlich fordert *Schwin* als Stammsilbe schließlich eine Hebung) und *sonderbar* wirklich daktylisch. Vielmehr scheinen mir beide eine ganz ähnliche Betonungsstruktur anzubieten. Viele Silben eines Textes sind grundsätzlich *hebungsoffen,* d. h. sie können durchaus betont und sogar akzentuiert werden, müssen es aber nicht. Zudem erweist sich die dichotomische Unterscheidung von *betont* vs. *unbetont* wieder einmal als unzureichend (siehe Kap. 7), da Betonung grundsätzlich graduell geschieht, d. h. alle Silben werden betont, manche allerdings stärker und andere schwächer.[25] Manche Silben bieten sich dann aber doch rein phonetisch für eine stärkere Betonung an, etwa solche mit Doppellauten *(Diphthongen)* oder gedehnten Vokalen; kurzgesprochene Vokale werden tendenziell weniger stark akzentuiert. Ein besonders zuverlässiger Indikator für eine schwache Akzentuierung ist dabei ein unbetontes *e,* (das soge-

---

dagegen ist ein Relationsbegriff; er bezieht sich auf das Verhältnis einer Silbe zu anderen Silben. Akzentuiert ist eine Silbe, die vor einer oder mehreren Nachbarsilben hervorgehoben ist. Der Akzent betrifft die ganze Silbe; der Schwerpunkt ist, wie der Name sagt, ein im Silbenvokal gelegener Punkt ohne zeitliche Ausdehnung“ (Vollmar 2008, S. 57 f.).

25 Die übliche Einteilung in lediglich zwei Klassen von Akzentschwere suggeriert eine unzutreffend eindeutige Unterscheidbarkeit. Vollmar dazu: „Dieser Sprachgebrauch kann allerdings den falschen Anschein erwecken, als gäbe es zwei verschiedene Arten von Silben, die zueinander im Verhältnis des Gegensatzes stünden. In Wirklichkeit gibt es natürlich keinen Gegensatz zweier Arten von Silben, sondern eine vielfache Abstufung der Silben gegeneinander“ (ebd., S. 57). Paul Kiparsky schlägt alternativ eine Unterscheidung des Schweregrads von Silben anhand einer vierstufigen Skala vor (Kiparsky 1966).

nannte Schwa [ə]). Dies kann im Sprechen zuweilen sogar gänzlich „verschluckt" werden (etwa bei *gehen* vs. *geh'n*).[26]

rhetorischer Akzent

In der mündlichen Realisation besteht die Möglichkeit, eine Silbe oder ein Wort durch einen *rhetorischen Akzent* besonders zu betonen. Christoph Bode macht diese Akzentuierungsmöglichkeiten an einem einfachen Beispiel deutlich:

1. ‚**Du** hast eine Pizza aufgetaut?' (Implikation: ‚obwohl Du doch hier sonst keinen Handschlag tust' oder ‚das ist ja wohl die Höhe, schließlich war ich es!')

2. ‚Du **hast** eine Pizza aufgetaut?' (‚nachdem Du stundenlang nur davon geredet hast')

3. ‚Du hast **eine** Pizza aufgetaut?' (‚obwohl Du doch weißt, daß ich auch einen Riesenhunger hab')

4. ‚Du hast eine **Pizza** aufgetaut?' (‚obwohl Du doch gar keine Pizza magst')

5. ‚Du hast eine Pizza **aufgetaut**?' (‚jeder schwärmt von Deinen selbstgebackenen Pizzas – ich hatte mir von Deiner Einladung eigentlich etwas anderes versprochen')[27]

Das Beispiel zeigt, wie vielfältig Texte intoniert werden können und wie bedeutungstragend sich Betonungsentscheidungen potentiell auswirken. Zudem zeigt sich, dass die Analyse von Betonungsstrukturen weniger lyrikexklusiv ist, als mancher annimmt.[28]

26 Vgl. Schwitalla 2006, S. 39.
27 Bode 2001, S. 23.
28 Vgl. Kurz: „Im alltäglichen Sprachbewußtsein ist unsere Aufmerksamkeit eher auf kommunikative Absichten, auf eine schnelle Verarbeitung von Informationen gerichtet. Dieser kommunikativen Aufmerksamkeit ist die Aufmerksamkeit auf den Rhythmus untergeordnet. Er spielt seine Rolle mehr im Hintergrund. Aber er spielt sie. Er trägt bei zur Strukturierung und Variierung des Sprechens, er macht es prägnant, ‚lebendig'. Der Weg vom simplen „aber, aber!" oder „Adrian, das Wasser kocht!" bis zu virtuosen Versrhythmen ist nicht weit" (Kurz 1992, S. 12).

Verstexte produzieren durch ihre Gebundenheit allerdings zusätzliche Betonungserwartungen. Wir suchen und erkennen Regelmäßigkeiten in der Betonungsstruktur und unterstellen, dass diese auch weiterhin erfüllt werden. Die fußmessende Analyse führt (gerade im Schulkontext) leider häufig auch dazu, die Betonungsstruktur eines Gedichtes rigide in alternierende, also abwechselnd betonte Versfüße zu überführen. Ein Schulklassiker ist diesbezüglich Eichendorffs Gedicht MONDNACHT.

Mondnacht

Es war, als hätt' der Himmel
Die Erde still geküßt,
Daß sie im Blütenschimmer
Von ihm nun träumen müßt'.

Die Luft ging durch die Felder,
Die Ähren wogten sacht,
Es rauschten leis' die Wälder,
So sternklar war die Nacht.

Und meine Seele spannte
Weit ihre Flügel aus,
Flog durch die stillen Lande,
Als flöge sie nach Haus.

klingende und stumpfe Kadenz

Das Metrum des Textes lässt sich gut alternierend realisieren („Es war, als hätt' der Himmel / Die Erde still geküßt," v – v – v – v / v – v – v –) und als tendenziell jambisch bestimmen, wobei die Versenden *(Kadenzen)* abwechselnd senkungs- *(klingende Kadenz)* und hebungsfordernd *(stumpfe Kadenz)* erscheinen. Was aber bringt mir dieser Befund für mein Textverständnis?

metrische Zitate

In der semantischen Deutung des Metrums beschränkt sich die Fußmetrik in der Regel darauf, jambischen Metren eine gewisse „aufsteigende Dynamik" zu attestieren, trochäischen dagegen eine Tendenz zur Beruhigung.[29] Zudem kann man über die Fußmetrik metrische Zitate und Rekurrenzen erfassen, also Anspielungen auf bekannte Gedichtformen. Wer versgeschichtlich versiert ist, erkennt in der Versgestaltung bei Eichendorff etwa eine Anspielung auf das Hildebrandslied, was sich wiederum als eine Form der Einschreibung in die germanische Metriktradition deuten lässt.

Irritation des Metrums

Für unseren eher textimmanenten Analyseweg liefert die Bestimmung der Versfüße vor allem dann einen Ertrag, wenn wir uns für die Stellen im Text sensibilisieren, die die metrische Erwartungshaltung irritieren. So z. B. die vierte Zeile der zweiten Strophe „So sternklar war die Nacht“. Das etablierte alternierende Metrum lässt sich hier kaum erfüllen, weil die Silbe „stern-“ aufgrund ihres semantischen Gehalts genauso deutlich hebungsfordernd erscheint wie die Silbe „-klar“ aufgrund der metrischen Erwartung und des Binnenreims auf „war“ (siehe Kap. 9). Das Kompositum „sternklar“ erhält hier ein besonderes akzentuales Gewicht, da es nach einer spondäischen Betonung verlangt, die in der Realisierung tendenziell zu einer Verlangsamung des Sprechtempos führt. Dabei ist durchaus davon auszugehen, dass es sich bei der Irritation des Metrums um eine intendierte Rhythmusdisposition des Textes handelt. Hieße die Zeile etwa: „So klar erschien die Nacht“, ergäbe sich keine Irritation.

semantische Deutung des Metrums

Eine ähnliche Metrumirritation findet sich in der zweiten und dritten Zeile der dritten Strophe. Die erste Silbe „Weit“ verlangt sowohl phonetisch (Diphthong) als auch semantisch nach einer starken Akzentuierung und verleitet sogar zu einem kurzen Innehalten im Vortrag. Dazu korrespondiert auch das „Flog“ der Folgezeile, das analog zum „Flüg-“ und „flög-“ der Nachbarzeilen beinahe zwingend zu akzentuieren ist. Dadurch wird das scheinbar durchgehende Metrum gegen Ende des Textes noch einmal sachte variiert, bevor es in der letzten Zeile ins vertraute alternierende Metrum zurückgeführt wird. Hierin mag man durchaus eine metrische bzw. rhythmische Entsprechung der im Text verhandelten Ereignisse erkennen:

29 Vgl. hierzu kritisch Burdorf 2015, S. 82.

Der Moment des unmittelbaren Aufbruchs der Seele wird als Ausbruch aus dem metrischen Korsett umgesetzt, die Rückführung ins Metrum und der schwere Ausklang auf die Silbe „Haus“ mag ihrer finalen Ankunft und dem finalen zur Ruhekommen der Sprechinstanz entsprechen.

Sprechtempo

Bei der Bestimmung des Sprechtempos gibt es offensichtlich große Spielräume. Bei Eichendorffs Gedicht drängt sich aufgrund des Settings allerdings eine langsam-bedächtige, vielleicht auch leise Sprechweise an. Auf die „Stille“ der beschriebenen Situation wird hier gleich zwei Mal explizit verwiesen (in der zweiten und elften Zeile), wodurch sie zur bestimmenden Qualität wird. Dabei ist Stille als Nicht-Geräusch eigentlich ein akustischer Negativbefund, der sich der Wahrnehmung nicht unbedingt aufdrängt. Darüber hinaus bietet der Text mit den sachte wogenden Ähren und den leise rauschenden Bäumen gleich zwei konkrete Rhythmus- und Tempobeschreibungen, die im Vortrag imitiert werden können.

Andere Texte sind weniger klar disponiert. Bei Goethes ERLKÖNIG etwa gehen die Meinungen über das angemessene Sprechtempo auseinander (siehe Kap. 6). Das Gedicht beginnt bekanntlich mit den Zeilen:

> Wer reitet so spät durch Nacht und Wind?
> Es ist der Vater mit seinem Kind;
> Er hat den Knaben wohl in dem Arm,
> Er fasst ihn sicher, er hält ihn warm.

Tempoentscheidungen

Sind diese Zeilen nun eher langsam oder eher schnell zu deklamieren? Daran schließt sich semantisch etwa die Frage nach der Reisegeschwindigkeit von Vater und Sohn an. Manche Leser gehen intuitiv davon aus, dass sie galoppieren, wobei allein das Wort „Wind“ entsprechende Assoziationen auszulösen scheint. Andere vermuten, dass bei einem vorsichtigen Ritt durch die Nacht, ein Trab angemessener wäre und nehmen ein langsameres Lesetempo an. Die Tempoentscheidung kann dabei das Textverständnis im Ganzen beeinflussen. Galoppiert der Vater bereits zu Beginn des Textes, indiziert dies womöglich, dass er bereits in akuter Sorge um den Sohn ist, was wiederum auf dessen Erkrankung hindeutet. Reitet er langsam, deutet dies eher an, dass erst der aggressive Vorstoß des Erlkönigs im Vater jene Panikreaktion auslöst, die ihn zum Ende hin zum hektischen Galopp motiviert („Dem Vater grauset's; er reitet geschwind,").

Grundsätzlich wäre es wohl auch sinnvoll, das Sprechtempo zu variieren und es etwa zum Ende hin zu erhöhen oder aber es sprecherabhängig zu gestalten, etwa indem man den verängstigten Sohn schneller sprechen ließe, als den um Situationskontrolle bemühten Vater. Bei fußgebundenen Versen empfiehlt sich grundsätzlich eine Variation des Sprechtempos, weil diese in ihrer stets repetitiven Silbenanzahl und Betonungsverteilung sonst zu einem sehr leiernden und undynamischen Vortrag verleiten.

Betrachtet man allerdings den Beginn des ERLKÖNIG, fällt es schwer, die Verse in Füße zu überführen. Zwar besteht jede Zeile aus 9 Silben, doch nur wenige erscheinen so hebungsfordernd, dass man aus ihnen ein konstantes alternierendes Metrum entnehmen könnte. In der ersten Zeile lassen sich „reit-" als Stammsilbe und die bedeutungsschweren Silben „spät", „Nacht" und „Wind" als hebungsfordernd ausmachen, was einer Betonungsfolge von v – v v – v – v – entspräche. In der Folgezeile finden sich dann aber nur drei Silben die deutlich hebungsfordernd erscheinen, nämlich „Va-", „sein-" und „Kind". „seinem Kind" entspricht dabei metrisch in etwa „Nacht und Wind" (– v –). Darüber hinaus scheint die zweite Zeile aber ein ganz anderes Betonungsmuster zu verlangen.

Welche Betonungsstruktur bietet sich für die zweite Zeile nun an? Viele Interpreten gehen davon aus, dass neben den drei hebungsfordernden Silben noch die Silbe „ist" zu betonen ist, wodurch die Zeile zwar dieselbe Anzahl an Hebungen und Senkungen hätte wie die Vorzeile, aber dennoch eine merklich andere Verteilung (v – v– v v – v –), bei der die doppelte Senkung („-ter mit") weiter nach hinten rückt. M. E. bietet sich die Silbe allerdings nicht zur Akzentuierung an, weil sie kaum relevante Information trägt und ihre Betonung sogar bedeutungsverändert wirkt („es isst der Vater"). Plausiblere Betonungsverteilungen ergeben sich allerdings, wenn man die Verse nicht als fuß-, sondern als *taktgebunden* annimmt.

taktgebundene Verse

Bei taktgebundenen Versen entspricht jede Zeile einem Takt; häufig einem mit 4 Schlägen bzw. Akzenten.[30] Die Schläge werden dabei *isochron,* d. h. immer im selben Zeitintervall, realisiert und fallen mit starken Betonungen zusammen. Die Anzahl der Senkungen zwischen diesen Betonungen kann dabei variieren, weshalb man entsprechend gebundene Verse als *füllungsfrei* bezeichnet. Abhängig von der Silbenanzahl zwischen den Hebungen erhöht oder verringert sich die notwendige Sprechgeschwindigkeit in der Deklamation.[31] Dadurch ermöglicht das Versmaß tendenziell einen größeren rhythmischen Variantenreichtum als die in der Silbenanzahl festgelegten Versfüße, ohne allerdings seine rhythmische Ordnung aufzugeben.

Betonungsvarianten

Die ersten Zeilen des ERLKÖNIG lassen sich überzeugend in einem taktgebundenen Sprechrhythmus mit vier Schlägen realisieren, wobei die Schläge 2 und 4 besonders starke Akzente setzen: also „spät" und „Wind", „Vat-" und „Kind" (die reimgebundenen vierten Hebungen sind dabei am stärksten akzentuiert [siehe Kap. 10]). Damit korrelieren die Hebungen auch mit den bedeuntungsschwersten Silben der Verse und setzen die beiden Figuren gleich in eine metrische Parallelität. Die Schläge 1 und 3 liegen in der ersten Zeile wahrscheinlich auf „reit-" und „Nacht". Für die Folgezeile scheint es am sinnvollsten, zunächst die Silbe „Es" zu akzentuieren. Dadurch entsteht eine kleine Verzögerung, die die letzte Silbe der Vorzeile („Wind") noch stärker akzentuiert erscheinen lässt. Zudem wird die doppelte Senkung so wieder analog zur Vorzeile realisiert („-tet so" vs. „ist der"). Auf den dritten Schlag würde ich dann sogar die Silbe „mit" realisieren und sie so gegenüber der eigentlich hebungsfordernden Stammsilbe „sei-" bevorzugen. Dadurch wird die Gemeinschaft der beiden stärker hervorgehoben als das Besitz- bzw. Zugehörigkeitsverhältnis. Grundsätzlich bestünden sicher auch andere plausible taktgebundene Betonungsvarianten.

Folgt man der taktgliedernden und damit isochronen Anlage des Textes, stellt man fest, dass dieser eine interne Sprechtemporegulie-

30 Vgl. Heusler 1956 [1925–1929], Bd. 1, S. 45.
31 Vgl. Küper 1988, S. 275.

rung anbietet, nach der der Sohn tendenziell schneller spricht, d. h. im Schnitt mehr Silben pro Zeile realisiert als der Vater. Dies wird vor allem an der parallel gestalteten Anrede deutlich: „Mein Vater, mein Vater" (6 Silben) gegenüber „Mein Sohn, mein Sohn" (4 Silben). Das verhältnismäßig höhere Sprechtempo des Sohnes mag hier dessen Aufgeregtheit markieren. Gleichzeitig lässt die Verlangsamung des Sprechtempos des Vaters auf dessen Beruhigungsabsicht schließen.

Gelegentlich steht eine durch die Versstruktur suggerierte Betonungserwartung in Widerspruch zu der vom Satzrhythmus diktierten „normalsprachlichen" Betonungserwartung. Klaus Weimar erklärt:

> Versrhythmus und Satzrhythmus bilden eine latente Opposition, in der im Konfliktfalle der Versrhythmus stärker ist als der Satzrhythmus, während nur in Ausnahmenfällen der Versrhythmus den Satzrhythmus unterstützt und verstärkt.[32]

Versrhythmus vs. Satzrhythmus

Für den Satzrhythmus sind etwa *Phrasen*, d. h. syntaktisch zusammengehörende Wortgruppen im Text von großer Bedeutung, die vom Metrum des Verses womöglich ignoriert oder unterbrochen werden.

Ein Text, der auf mehreren Ebenen mit konkurrierenden Rhythmusinformationen spielt, ist Ulla Hahns Ars Poetica.

Ars Poetica

Danke ich brauch keine neuen
Formen ich stehe auf
festen Versesfüßen und alten
Normen Reimen zu Hauf

zu Papier und zu euren
Ohren bring ich was klingen soll
klingt mir das Lied aus den
Poren rinnen die Zeilen voll

32 Weimar 1980, S. 102.

und über und drüber und drunter
und drauf und dran und wohlan
und das hat mit ihrem Singen
die Loreley getan.

Erstverständnis

Der Titel Ars Poetica bedeutet zunächst einmal so etwas wie *die Kunst des Dichtens.* Das Äußerungssubjekt spricht sich offensichtlich für eine Dichtung aus, die auf „festen Versesfüßen und alten Normen" basiert. Das einleitende „Danke" markiert die folgende Aussage dabei als Entgegnung. Anscheinend wurde dem Äußerungssubjekt eine „innovative" Alternative zur metrischen Restriktion angeboten, auf die es ablehnend reagiert. Die zweite Strophe beschreibt dann den Dichtungsprozess als einen, der zwischen Schriftlichkeit und Mündlichkeit changiert. Schließlich wird der explizit als „Lied" benannte Text sowohl „zu Papier" als auch zu „Ohren" gebracht. Dabei „klingt" es dem Äußerungssubjekt zwar in akustischer Form „aus den Poren", allerdings „rinnt" es darauf in „die Zeilen" und damit in die Verschriftlichung. Die letzte Strophe wirkt auf mich befremdlich gehaltlos und endet dann unvermittelt in dem Hinweis, „das" habe „mit ihrem Singen / die Loreley getan". Für mich stellt sich dabei die Frage, was es denn ist, das die Loreley da getan hat und was das mit jener Kunst des Dichtens zu tun hat, die im Titel angekündigt und im Text offenkundig thematisiert wird.

Enjambement

Versucht man sich dem Text fußmessend zu näheren, wozu der Verweis auf die „festen Versesfüß[e]" wohl unweigerlich verleitet, stößt man in der ersten Strophe schnell auf Wiederstände. Die erste Zeile lässt sich noch tendenziell alternierend als Trochäus (– v – v – v – v / Danke ich brauch keine neuen) realisieren (auch wenn *brauch* durchaus hebungsfordernd erscheint) oder in zwei Daktylen und einem Trochäus (– v v – v v – v / Danke ich brauch keine neuen). Doch schon die zweite Zeile irritiert jede metrische Ordnung wie auch den Lesefluss. „Formen" und „stehe" fordern jeweils eine Betonung der Stammsilbe. Da die Zeile aber ein (nicht orthographisch markiertes) Satzende beinhaltet, das eine Zäsur vor dem „ich" verlangt, fällt es schwer, sie rhythmisch schlüssig zu akzentuieren. Der Satz *ich brauch keine neuen Formen* würde für sich genommen die erste Zeile metrisch ideal füllen. Es scheint fast so, als seien die Silben durch das einleitende „Danke" über das Zeilenende gedrängt worden, wodurch sie einen Zeilensprung *(Enjambement)* produzieren, d. h. die Satzeinheit greift über das Versende hinaus. Statt am Versende zu pausieren, ist man als Leser geneigt, die Lektüre unmittelbar in der Folgezeile fortzusetzen. In unserem Fall geraten Satz- und Versrhythmus hierbei in Konflikt.

Offenbar wurde das Metrum bewusst „beschädigt", d. h. die Betonungserwartung eines eingängigen Verses aufgerufen, um sie zu enttäuschen. Der Ausdruck „Versesfüßen" anstelle von *Versfüßen* spricht etwa deutlich für eine auf Alternierung ausgelegte Betonungsstruktur, da hier zwischen die beiden hebungsfordernden Silben „Vers-" und „-füß-" eine wohl rhythmisch zu rechtfertigende, senkungsfordernde Füllsilbe eingefügt wurde. Die größte metrische Irritation bewirkt aber die angedeutete Endreimstruktur (siehe Kap. 10): Das Reimpaar „auf" und „Hauf" markiert eine deutliche Endbetonung des zweiten und vierten Verses. Intuitiv hätte man erwartet, dass der erste und dritte Vers analog auf einen zweisilbigen Reim enden, wozu sich das Reimpaar „Formen" und „Normen" auch deutlich anbietet. Dass dieses nun an den Anfang der Folgezeile rutscht, führt fast unweigerlich dazu, beim ersten Lesen ins Stocken zu geraten (bisher ist es noch keinem meiner Studierenden gelungen, sich beim ersten Vorlesen nicht zu verhaspeln). Dabei ließe sich die Strophe leicht in ein Fuß-Metrum überführen, z. B. „Ich brauch keine neuen Formen / denn ich stehe auf. / Versesfüßen und alten Normen / und Reimen noch zu Hauf" (v – v v – v – v / – v – v – / – v – v v – v – v /v – v – v –).

In der zweiten Strophe wird ein Metrum nun deutlich forciert, wobei abermals der Endreim des ersten und dritten Verses in die Folgezeile rutscht: „zu Papier und zu euren Ohren / bring ich was klingen soll / klingt mir das Lied aus den Poren / rinnen die Zeilen voll" (v v – v v – v – v / – v v – v – / – v v – v v – v / – v v – v –). Der suggestive rhythmische Fluss der Zeilen lässt sich erahnen, wird aber durch den Zeilenumbruch vor dem Reimwort ins Stocken gebracht.

Rhythmisches Zitat

Die letzte Strophe erfüllt dann alle metrischen Bedingungen für einen fließenden Leserhythmus (v – v v – v v – v / v – v – v v – / v – v v – v – v / v – v – v –). Die semantische Leere der Zeilen korrespondiert dabei zu ihrer rhythmischen Suggestivität. Der Text gewinnt eine melodische Qualität. Die letzten beiden Zeilen lassen sich dabei als Zitat erkennen. Sie stammen aus Heinrich Heines LIED VON DER LORELEY, das vor allem durch die Vertonung von Friedrich Silcher aus dem Jahr 1837 Berühmtheit erlangte. Silchers prägnante Melodie passt dabei so deutlich zur metrischen Anlage der letzten Strophe, dass Lesende, die mit dieser vertraut sind, beinahe unweigerlich in dessen signifikanten „Schunkelrhythmus“ verfallen. Damit verdeutlicht der Text einen weiteren Weg, wie rhythmische Information in einen „stummen“ Text gelangen kann, nämlich über den Rekurs auf bekannte Rhythmen und Melodien, die über konkret wörtliche, aber auch metrische Zitate evoziert werden können. Durch die Verwendung bekannter Metren können sich Gedichte in Traditionen einschreiben und historische Anspielungen machen.

Auch der Titel des Gedichts erweist sich hier als Zitat. Es ist der Titel eines berühmten Lehrgedichts des römischen Dichters Horaz, in dem dieser vor allem die Gebundenheit bzw. Geschlossenheit der Lyrik als ästhetisches Ideal proklamiert: „Sei das Werk, wie es wolle, nur soll es geschlossen und einheitlich sein.“[33] Folgerichtig ordnet Horaz die Verse seines Lehrgedichts selbst streng im *Hexameter*, dem sechshebigen Grundvers antiker Dichtung.

Deutungsmöglichkeiten

Aus den Befunden ergeben sich unterschiedliche Deutungsmöglichkeiten: Womöglich soll der Text verdeutlichen, wie bestimmte Rhythmen und Melodien in ihrer suggestiven Gestalt immer wieder ihren Weg in die Verse finden, selbst wenn man es nicht forciert oder wie es gelingen kann trotz oder gerade im Wissen um das Alte, Neues zu kreieren, wie die ersten „beschädigten“ Strophen bestätigen.[34] Womöglich bildet der

33 Horaz 1984 [ca. 13 v. Chr.], S. 5.

34 Thomas Anz schreibt diesbezüglich: „Das Gedicht führt vor, wie sehr sich Rückgriffe auf Altes von epigonalen Rückfällen auf Konventionelles unterscheiden können“ (Anz 1997, S. 196).

Text auch das Dichten als das Schaffen von Rhythmus ab und damit den Weg von der noch „holprigen“ Konzeption zum sangbaren Lied und damit auch den Medientransfer von Schrift zu Laut.

Zwei Segel

Auch mit Blick auf unser Segel-Gedicht lässt sich fragen, welche Hinweise der Text darauf gibt, wie er rhythmisch umgesetzt werden sollte. Dabei erscheint vielen Interpreten das Metrum hier sehr klar zu sein (v – v v – v / v – v v – v), auch wenn es unterschiedlich benannt wird.[35] Dabei erscheint bei näherer Betrachtung gerade die erste Strophe metrisch recht ambivalent. In wie vielen Silben ist etwa das Wort „ruhiger“ zu realisieren (zwei oder drei?)? Welche Silbe von „tiefblau“ könnte unbetont gesprochen werden? Analog zu „sternklar“ (s. o.) müsste es m. E. gleichberechtigt (spondäisch) realisiert werden und folglich nicht alternierend. Gleiches gilt für mich auch für die ersten Silben „Zwei“ und „Se-“. Erstere scheint schon phonetisch über den Doppelkonsonant *Zw* und den Diphthong *ei,* vor allem aber auch semantisch, eine Hebung zu fordern; zweitere wird als Stammsilbe im Deutschen per se betont realisiert. Die beiden Worte erhalten als titelgebende, einleitende und wiederholte Einheit darüber hinaus eine besondere Akzentuierung, weshalb es sinnvoll erscheint, auch die Ausrufezeichen auf sie bezogen zu deuten und in der Deklamation nach ihnen eine Pause zu lassen, um sie deutlich als metrische Einheit zu markieren.

Die erste Strophe erhält somit einen „abgehackten“ Rhythmus mit mindestens vier „harten“ Zäsuren (jeweils nach „Segel“ und nach dem Ausrufezeichen) und zwei weiteren möglichen Zäsuren an den Zeilenenden des ersten und dritten Verses. Die zweite Strophe ist hingegen durch einen offensichtlichen „Fließrhythmus“ bestimmt. Die Enjambements geben nur eine sinnvolle Lesepause vor (nach „bewegt“). Die Betonungen lassen sich völlig gleichmäßig auf die Silben „eins“, „Win-“ (hebungsfordernd), „wölbt“, „-wegt“ (hebungsfordernd), „auch“, „-fin-“ (hebungsfordernd), „an-“ (hebungs-

35 Vgl. etwa die Diskussion, ob es sich um ein daktylisches oder amphibrachisches Metrum handelt bei Weiers o. J. bzw. die Einschätzung, das Metrum sei wechselnd jambisch/anapäst bei Zeller 1991 (obwohl es sich wohl eher als trochäisch/anapäst mit abwechselnd klingender und stumpfer Kadenz beschreiben ließe).

fordernd) und „-regt" (hebungsfordernd) verteilen, wodurch ein Wiegerhythmus entsteht, der phonetisch (siehe Kap. 10) wie semantisch (über die Bewegungswörter „wölben" und „[w]inden") gestützt wird und womöglich Assoziationen an einen seichten Wellengang weckt.

Die dritte Strophe verlangt allein durch die Satzgefüge wiederum nach vier Zäsuren (jeweils am Zeilenende) und wird zudem noch stärker von der Semantik der vielen Bewegungswörter bestimmt, die deutliche Tempoimplikationen enthalten. Die ersten beiden Zeilen sind semantisch von Hast und Schnelligkeit bestimmt und sollten in der Deklamation womöglich entsprechend mit der Emphase impulsiven Begehrens verwirklicht werden. Die folgenden Zeilen stehen im Zeichen von Ruhe und Rast und lassen den Text auf einer Betonung und dem bedeutungsschweren Begriff „Gesell" ausklingen. Diese vielen Rhythmusvariationen lassen sich (wenn auch etwas kühn) semantisch ausdeuten, etwa indem man sie als Mimesis, d. h. Nachahmung, der wechselnden Windstärke auffasst, auf die die Segel dennoch harmonisch reagieren oder gar als mimetische Anspielung auf die Motorik im Liebesakt.

11. Lautung und Reim

Lautbestand

Wie sich die Lautung eines Gedichts, d. h. seine phonetische Struktur, analytisch erfassen lässt, haben wir andeutungsweise bereits bei der Wortgruppenbildung gesehen (siehe Kap. 4). Der Blick fällt auf die Lautgestalt der verwendeten Wörter, vor allem auf ihren Bestand an *Vokalen,* d. h. selbstklingenden Lauten, und *Konsonanten,* d. h. mitklingenden Lauten. Dieser Lautbestand bestimmt den „Sound" eines Textes und mit ihm wohl auch in Teilen seine ästhetische Wirkung.

Schwierigkeiten der Lautanalyse

Ähnlich wie beim Rhythmus (siehe Kap. 9) erweist sich auch die Lautanalyse häufig als äußerst vage, stark subjektiv gefärbt und schlecht belastbar. Zwar lassen sich die Laute durchaus rubrizieren und in ihren Klangeigenschaften unterscheiden (etwa *Plosive* wie [b] oder [p] von *Nasalen* wie [m] oder [n]), doch gehen die daraus gewonnenen Analyseerträge selten über Einschätzungen wie „klingt irgendwie hart bzw. weich" oder „dunkel bzw. hell" hinaus. Die abstrakten Lauteigenschaften der Wörter im Schrifttext liefern dabei nur einen Bruchteil der Klanginformationen gesprochener Sprache, die durch die individuelle Stimmfärbung, den Stimmdruck, die Sprechgeschwindigkeit, die Tonhöhe, die Sprechmelodie usw. den Sound maßgeblich mitbestimmt. Dieser *Musikalität* gesprochener Lyrik kann diese Einführung analytisch leider nicht gerecht werden. Dabei spielt wohl auch die dauerpräsente Semantik der Sprache eine wesentliche Rolle, die unsere Wahrnehmung ihres Klangs ständig zu beeinflussen scheint. In der unverstandenen Fremdsprache fallen uns „unbefangene" Lautbeobachtungen tendenziell leichter.

Lautmuster

Über die phonetische Wortgruppenbildung hinaus erweist sich häufig ein Blick auf *Lautmuster* als analytisch ertragreich. In welchen Abständen tauchen ähnliche Laute auf? Gibt es *Rekurrenzen,* also Wiederholungen der Laute bzw. der Lautstruktur? Wie verhält sich die Lautstruktur zu Metrum und Rhythmus des Textes (siehe Kat. 9)? Zudem lässt sich die Lautanalyse auch offensiv semantisch ausrichten, etwa indem man prüft, ob sich bestimmte „Klangfarben“ bestimmten Abschnitten oder Themenbereichen oder Sprechern zuordnen lassen? Im Folgenden wollen wir uns der prominentesten Form der Lautstruktur im Gedicht zuwenden, dem Reim.[1]

Reim-Definition

Im Allgemeinen versteht man unter einem *Reim* eine teilweise Übereinstimmung des Lautmaterials wenigstens zweier Wörter im Text.[2] Anfangsreime oder *Stabreime,* deren Übereinstimmung im konsonantischen Anlaut bestehen, werden zusehends seltener als *Reim,* sondern eher als *Alliteration* wahrgenommen und klassifiziert.[3] Auch der sogenannte *konsonantische Reim,* bei dem sich die Vokale ändern, während die Konsonanten bestehen bleiben (etwa *Buch* auf *Bach*), wird gemeinhin wohl eher nicht als Reim im engeren Sinne wahrgenommen. Für die Gebundenheit von Verstexten spielen Endreime, bei denen die Gleichlautung in der Regel mindestens vom Wortende bis zum nächstgelegenen Vokal zurückreicht,[4] die ungleich prominentere Rolle.

Reim-Position

Als Endzäsuren eines Verses setzen Reime starke rhythmische Akzente, die auch die Merkbarkeit von Reimtexten begünstigen.[5] Dabei treten sie zumeist als *Paarreime* auf, d. h. am Ende zweier aufeinanderfolgender Zeilen (aa bb). Alternative Reimschemata sind etwa der *Kreuzreim* (abab), der *umarmende Reim* (abba) oder der *Schweifreim* (aa b cc b). Grundsätzlich können die Reimpartner aber auch anders positioniert sein, etwa als *Schlagreime* direkt aufeinanderfolgend oder auch gegen das Metrum als arhythmische Laut-Rekurrenzen. Dabei hebt der Reim die basale Linearität der Sprache ein Stück weit auf (siehe Kap. 2) und etabliert neben ihr ein phonetisches Rekurrenzsystem aus Vor- und Rückverweisen.[6]

1 Die folgenden Ausführungen decken sich in weiten Teilen mit denen in Wolbring 2015, S. 314 ff.
2 Vgl. Wagenknecht 1981, S. 135.
3 Vgl. Kayser 1968 [1946], S. 92.
4 Wagenknecht 1981, S. 35.
5 Vgl. zu dieser „mnemotechnischen Funktion“ (Mnemotechnik = dt. Gedächtniskunst) des Reims z. B. Kurz 1992, S. 42 ff.
6 Vgl. Kurz 1999, S. 47.

stumpfer vs. klingender Reim

Als gängigste Reimkategorien lassen sich der *männliche* bzw. *stumpfe Reim* auf eine betonte Endsilbe *(Buch/Tuch)* und der *weibliche* bzw. *klingende Reim* auf zwei Silben, von denen die erste betont, die zweite aber unbetont ist *(machte/lachte)* unterscheiden.[7] Beide lassen sich vergleichsweise leicht über den Austausch der Anlaute generieren und stehen überdies zu großen Teilen bereits in diversen Reimlexika[8] gesammelt zur Disposition.[9]

Für das Dichten bedeutet der *Reimzwang* als selbstauferlegtes poetologisches Ordnungsprinzip immer eine bewusste Reduzierung der phonetischen Ressourcen und eine radikale Einschränkung der möglichen Anschlussformulierungen, denn: „Ist die Reimregel einmal eingeführt, wird das, was an Wörtern folgt, von der Erwartung diktiert, daß und wie der Zwang des Reims eingelöst wird."[10] Dabei ist die Menge an konventionellen Reimpaaren offensichtlich begrenzt, weshalb reimgebundene Texte eine starke Tendenz zu redundanten Wortverwendungen aufweisen und häufig unoriginell wirken. Der naturalistische Dichter Arno Holz sprach sich daher bereits 1899 gegen die reimgebundene Lyrik aus:

Reimzwang

> Wozu noch der Reim? Der Erste, der – vor Jahrhunderten! – auf *Sonne Wonne* reimte, auf *Herz Schmerz* und auf *Brust Lust,* war ein Genie; der Tausendste, vorausgesetzt, daß die Folge ihn nicht bereits genierte, ein Kretin. Brauche ich denselben Reim, streife ich in neun Fällen von zehn denselben Gedanken. Und man soll mir Reime nennen, die in unserer Sprache noch nicht gebraucht sind! Gerade die unentbehrlichsten sind es in einer Weise, daß die Bezeichnung ‚abgegriffen' auf sie wie auf die kostbarsten Seltenheiten klänge. Es gehört wirklich kaum „Übung" dazu: hört man heute ein erstes Reimwort, so weiß man in den weitaus meisten Fällen mit tödlicher Sicherheit auch bereits das zweite. […] Wir hören Witzen zu, wissen aber leider schon die Pointe.[11]

7 Vgl. zum Ursprung der Unterscheidung zwischen *männlich* und *weiblich* im Französischen ebd., S. 41.

8 Vgl. z.B. Pössiger 2007 [1988].

9 Vgl. zu unterschiedlichen Reimwortsammlungen Leclercq 1975, S. 1.

10 Kurz 1999, S. 45.

11 Holz 1951 [1899], S. 48.

Reimgedichte haben daher in bildungselitären Kreisen zuweilen bereits den „Nimbus des Trivialen“ inne. Sie gelten als manieriert und beschränkt. Entsprechend unterscheidet Kurz: „Reimlosigkeit gilt als Indiz für eine ‚offene‘, zeitgemäße, der Reim als Indiz für eine ‚geschlossene‘, antiquierte Ästhetik“.[12] Gleichzeitig gilt der Reim „für das große Publikum“[13] immer noch als primäres und signifikantestes Gattungsmerkmal der Lyrik schlechthin (siehe Kap. 1). Der Lyriker und Reim-Theoretiker Peter Rühmkorf beschreibt den Reim als in die Pop- und Trivialkultur verdrängtes Stilmittel:

> Das von der Hoch- und Spitzliteratur methodisch verdrängte Bedürfnis der Menschen nach sinnlich erlebbaren Übereinklängen [in Form des Reims] bricht sich von unten her seine eigene einfache Bahn, und die ist dort zu verfolgen, wo die primitive akustische Sensation auf Song- und Schlagerfestivalen zu den ganz normalen Verköstigungsmitteln gehört.[14]

Popularität des Reims

Tatsächlich lässt sich gerade in aktuelleren, popkulturell geprägten Lyrikformen wie dem Rap oder der Slam Poetry seit Jahren eine neue Lust am Reim beobachten, wie auch an originellen Wegen den Reimzwang aufzulösen. Darüber hinaus bleibt die Popularität des Reims in der Kinderlyrik, der Werbung, dem Gelegenheitsgedicht, usw. ungebrochen.[15] Dabei wird der Reim auch für sein humoristisches Potential geschätzt. Ihm ist ein „komödiantische[r] Sinn“[16] zu eigen, der besonders durch überraschende Reimpartner und -techniken zur Geltung kommt.[17]

---

12 Kurz 1999, S. 36.

13 Kayser 1968 [1946], S. 83.

14 Rühmkorf 1981, S. 26. vgl. auch Kurz 1999, S. 35.

15 Vgl. Waldmann 2006, S. 123.

16 Rühmkorf 1981, S. 112. Rühmkorf zufolge wurzelt der Reim „in jedem Fall in geselligem Vergnügen“ (ebd., S. 114). Er spricht in diesem Zusammenhang auch von „einem – generationen-überspannenden – Identifikationsschmunzeln“ (ebd., S. 97).

17 Vgl. Moenninghoff zum „Spektrum des komischen Reims“: „gebrochene und gespaltene Reime, Reime auf Eigennamen und solche auf Abkürzungen, akzentuell ungleichgewichtige Reime und schließlich gezwungene Reime, die die sprachwidrige Variation des Lautmaterials zur Voraussetzung ihrer Reinheit haben“ (Moenninghoff 2004, S. 251).

Der Reim als Redeschmuck

Der Reim ist wohl mehr als jedes andere Stilmittel genuin Redeschmuck, d. h. „ein Luxus der Rede", der primär „die Schönheit der sprachlichen Äußerung" bezweckt[18] und besonders sinnfälliger Marker ästhetischen Sprachgebrauchs ist.[19] Der Reim ist „zunächst mal wohlgefälliges Lautspiel"[20] und lenkt die Aufmerksamkeit der Rezipienten regelrecht vom Inhalt auf die Form bzw. von der Bedeutung auf die Lautung.[21] Die reimgebundene Textkonzeption ist in hohem Maße dadurch bestimmt, dass sich die verhandelten Inhalte den „Reimmöglichkeiten anbequemen", denn „Reim und Bedeutung bilden eine latente Opposition, in der im Zweifelsfall der Reim stärker ist als die Bedeutung."[22] Aufwendige Reimstrukturen verleihen Texten zumeist einen deutlich konstruierten und artifiziellen Charakter. Sie erwecken den Verdacht, eine Formulierung sei vor allem „des Reimes wegen" verwendet worden. Bei besonders ungebräuchlichen oder ungelenken Formulierungen spricht man daher von *Zweckreimen*. Wirkungsdispositional erscheint der Reim damit zunächst als ungeeignetes Stilmittel zur überzeugenden Vermittlung von (Sach-) Information.[23]

Beweiskraft des Reims

Allerdings kann der Reim – besonders wenn er dem Anschein nach „zwanglos eingelöst"[24]

18 Lausberg 1967 [1949], S. 59.

19 Klaus Weimar bezeichnet den Reim daher als das deutlichste Kennzeichen eines ästhetisch motivierten Textes (Weimar 1980, S. 46).

20 Heusler 1956 [1925–1929], Bd. 2, S. 11.

21 Vgl. Birkenhauer 1983, S. 70.

22 Weimar 1980, S. 99. Vgl. auch Weimar: „Versuch einer Beschreibung der Gedankenoperationen bei der Ergänzung von Reimwörtern: man orientiert sich zunächst am erwarteten Klang des Wortes, der eine bestimmte Anzahl von Silben und eine bestimmte Betonung einschließt.[...] Dann schlägt man in einer Art innerem Reimlexikon nach, in dem alle assoziativ gerade erreichbaren Wörter stehen, die nach Klang, Zahl und Rhythmus der Endsilben gleich sind [...]. Und aus dieser Auswahl sucht man dann das Wort heraus, das nach seiner grammatischen Form [...] und nach seiner Bedeutung [...] am besten in den Kontext paßt" (ebd., S. 97). Vgl. auch Rühmkorf: „im Bedarfsfall einen einleuchtenden Sinn heranzaubern ist nicht halb so schwierig wie in Notlagen einen einigermaßen haltbaren Reim zu finden" (Rühmkorf 1981, S. 127).

23 Rühmkorf spricht diesbezüglich von dem „Widerspruch [...] ästhetischer Regelrichtigkeit und konkretem Wahrheitsgehalt" (ebd., S. 102).

24 Kurz 1999, S. 45.

wird – durchaus suggestiv und latent überzeugend wirken. Die Folgeformulierung erscheint durch den Reim und seine phonetische Korrespondenz wie „lautlich legitimiert". Rühmkorf spricht diesbezüglich von der „selbstständige[n] Beweiskraft des Reimes",[25] die „auf nichts als die scheinhafte Richtigkeit eines Echoeffekts gegründet"[26] sei. Der vermeintlich asemantische Reim gewinnt so wirkungsdispositional durchaus eine semantische Dimension und plausibilisiert z. B. Merkverse, Sprichwörter und Bauernregeln, aber auch Werbeslogans und Auszählverse phonetisch. Rühmkorf zufolge bedient der Reim das Bedürfnis nach „sinnliche[r] Ordnung der Welt durch Gleichklang, Gleichmaß und Symmetrie."[27] Der Reim unterstreicht auch den Werkcharakter eines Textes, d. h. seine Geschlossenheit und Invarianz, die tendenziell den Eindruck von Alternativlosigkeit erweckt. Entsprechend erklärt Werner:

> Die regelmäßigen Übereinstimmungen im lautlichen Ausdruck signalisieren/suggerieren die Stimmigkeit des Inhalts; so wie der Reim es erschwert, den Text zu ändern, so wird man auch (zunächst) kaum am Inhalt zweifeln können. Der Reim wäre damit ein Gütesiegel, das man erst zerbrechen müsste, wollte man etwas ändern.[28]

Gerade endbetonte Paarreimstrukturen produzieren den Eindruck einer „fragenden" Erstzeile, die von der sich reimenden Folgezeile endgültig „beantwortet" wird.[29]

Lautliche Opposition

Allerdings setzt der Reim die Reimpartner auch in lautliche Opposition zueinander (siehe Kap. 7), weshalb ihm August Wilhelm Schlegel sowohl „paarende" als auch „trennende Kraft" zuspricht.[30] Wie der Rhythmus (siehe Kap. 9) erweckt der Reim den Eindruck eines „variierenden

25 Rühmkorf 1967, S. 123.
26 Rühmkorf 1981, S. 88.
27 Ebd., S. 61. Vgl. auch Fry: „Als struktursuchende, verbindungshungrige Geschöpfe suchen wir stets nach Möglichkeiten, zwei Dinge miteinander zu verbinden" (Fry 2008 [2005], S. 184 f.).
28 Werner 1993, S. 82.
29 Vgl. Rühmkorf 1981, S. 138.
30 Schlegel 1989 [1804], S. 213.

Gleichklangs".[31] Die Literaturwissenschaftlerin Erika Greber bezeichnet den Reim daher als „Äquivalenzverfahren par excellence" und beschreibt ihn als „bedeutungsschaffende differentielle Konstruktion, die am Unähnlichen die Ähnlichkeit und am Ähnlichen die Unähnlichkeit poetisch hervortreibt."[32] Rühmkorf zufolge kann der Reim entsprechend sowohl einen „einverständnisvolle[n] Wiederholungstrieb" als auch eine „Entzweiungslust" stillen[33] und wirkungsdispositional sowohl als „Peacemaker" wie auch (zuweilen gleichzeitig) als „Unruhestifter" fungieren.[34]

Als Beispiel für eine semantische Nutzbarmachung der oppositionären Anlage des Reims kann ein Auszug aus dem Rap-Song WER ICH BIN von Samy Deluxe aus dem Jahr 2009 dienen:[35]

> Ich bin zu weich für die Harten, ich bin zu hart für die Weichen /
> Ich bin zu reich für die Armen und bin zu arm für die Reichen /
> Ich bin zu weiß für die Schwarzen und zu schwarz für die Weißen /
> Ich hab' so viele Zweifel, ich kann es gar nicht beschreiben. /
> Ich bin zu dumm für die Schlauen und bin zu schlau für die Dummen /
> Ich bin zu jung für die Alten und bin zu alt für die Jungen /
> Und wenn ich auf der Straße lang geh', drehen alle sich um /
> Haben irgendetwas zu sagen, ich denk: „Haltet den Mund!" /
> Ich weiß, ich bin weder der Lustigste, noch bin ich der Ernsteste /
> nicht der Ungebildetste doch auch nicht der Belehrteste /
> Ich drück mich zwar zu deutsch für die Ausländer aus /
> Aber für die Deutschen seh' ich bloß wie 'n Ausländer aus /
> Und manchmal ist mir dieses zwischen den Stühlen bisschen zu viel /

31 Waldmann 2006, S. 106.

32 Greber 1999, S. 202. Vgl. Jakobson: „Äquivalenz auf der Lautebene, die als konstitutives Prinzip auf die Wortfolge projiziert wird, impliziert unausweichlich auch semantische Äquivalenz, und so produziert auf jeder Sprachebene jede Konstituente einer solchen Wortfolge eine der beiden korrelativen Erlebnisse, die Hopkins treffend als „Vergleich um der Ähnlichkeit" oder „Vergleich um der Unähnlichkeit willen" nennt" (Jakobson 1972 [1960], S. 124).

33 Rühmkorf 1981, S. 78.

34 Ebd., S. 109.

35 Vgl. das Musikvideo auf YouTube: https://www.youtube.com/watch?v=DcN86I-UP36g.

Und ich betrachte mich selbst mit gemischten Gefühlen /
Ich hatte, bis ich dreizehn war, keinen Plan, wer ich bin. /
Bevor Hip Hop kam, machte alles gar keinen Sinn. /

Erstverständnis

Wie die meisten Raps ist auch dieser inhaltlich gut verständlich[36] und anscheinend nicht darauf ausgelegt, seine Rezipienten vor große Deutungsprobleme zu stellen: Offenbar berichtet bzw. klagt hier ein migrantischer Sprecher über seine Schwierigkeiten, sich in der deutschen Mehrheitsgesellschaft zu positionieren und zugehörig zu fühlen. Seine „Identitätsprobleme" setzen dabei schon in der Kindheit an und werden bemerkenswerter Weise durch die Begegnung mit HipHop gelöst oder zumindest gelindert („Bevor Hip Hop kam, machte alles gar keinen Sinn."). Diese schnörkellose Verständlichkeit ist generell typisch für Pop-Phänomene[37] und verhindert häufig, dass man ihnen überhaupt analytische Aufmerksamkeit schenkt, da sie diese nicht unmittelbar einzufordern scheinen. Dabei bleibt die Frage, wie genau der offensichtliche Inhalt ästhetisch aufbereitet wird, eine äußerst produktive.

assonantisches Reimen

Rap ist eine genuin mündliche Lyrikform, bei der der Text stets an den Vortrag des Sprechers (und nur dieses Sprechers) gebunden bleibt.[38] Die Lautung hängt folglich stark mit dessen individuellen Stimmprofil und seiner spezifischen Intonation zusammen, die häufig sehr eigen ausfällt (etwa bei der „jaulend" gedehnten Aussprache von „Schlauen"). Dadurch lassen Rapper häufig lautliche Rekurrenzen und Reimbeziehungen entstehen, die im Schrifttext weniger offensichtlich sind, etwa wenn Samy durch seine geringe Artikulationsschärfe (Nuscheln) die Worte „bisschen zu viel" zu veritablen Reimpartnern von „zwischen den Stühlen" und „-mischten Gefühlen" variiert. Dabei hilft ihm auch, dass er von den Möglichkeiten der phonetischen Assimilation gesprochener Sprache Gebrauch macht und Endsilben mit schwa

36 Vgl. zur „Verständigungsorientierung" des Rap Wolbring 2015, S. 270 ff.

37 John Fiske spricht diesbezüglich von der kennzeichnenden Qualität der „obviousness" von Pop (Fiske 1989, S. 114).

38 Vgl. Wolbring 2015, S. 145 ff.

[ə] verkürzt und assimiliert ausspricht.[39] „Stühlen" und „-fühlen" wird so zu „Stühln" und „-fühln" und damit zu stumpfen Reimpartnern für „viel". Damit entspricht dieser Rap einer grundsätzlichen Tendenz der Gattung, *assonantische* bzw. *lautähnliche Halbreime*[40] zu verwenden, d. h. Formulierungen, die vielfach erst in der individuellen Realisation durch den Rapschaffenden (annähernd) Reimqualitäten erhalten. Diese Technik erweitert das potentielle Reimrepertoire ganz erheblich.[41]

Reimtechniken im Rap

Der Text folgt insgesamt einer rap-typischen Reim-Poetik. Der Reim ist neben dem Rhythmus das bestimmende Merkmal von Rap-Texten schlechthin und wird folgerichtig von Arno Scholz als „prototypischer Rap-Ornatus"[42] bezeichnet. Dabei erweist sich die Reimpraxis im Rap um ein vielfaches komplexer als im gängigen Pop- und Schlagermilieu üblich. Naheliegende Standardreime werden gemeinhin abgelehnt. Man bemüht sich stattdessen um *exotische* bzw. *seltene,*[43] nach Möglichkeit sogar völlig neuartige Reime.[44] Diese Exklusivität wird vor allem durch vielsilbiges Reimen gewährleistet (durch das die potentiellen Anschlussformulierungen weiter eingeschränkt werden).[45] Im Rap wird beinahe ausschließlich mehrsilbig gereimt, wobei die Vielsilbigkeit der Reime zu einem leicht quantifizierbaren Gütekriterium avanciert.[46] Häufig werden diese als *gespaltener Reim* realisiert, d. h. dass anstelle von einzelnen Worten auch Wortfolgen aufeinander gereimt werden (wie eben bei „bisschen zu viel", „zwischen den Stüh-

39 Vgl. Schwitalla 2006, S. 38.

40 Fry 2008 [2005], S. 191. Als *Assonanz* bezeichnet man grundsätzlich den Gleichklang der Vokale zweier oder mehrerer Silben (vgl. z. B. Kayser 1968 [1946], S. 96). Ein Wort wie *sattsam* assoniert also mit dem Wort *Waldnacht* oder dem Wort *sangbar,* das Wort *Tisch* assoniert mit *still* oder *ritt,* usw. In diesem Band wird der Begriff *assonantisch* in einem weiteren Verständnis als generell lautähnlich verwendet (vgl. Kurz 1999, S. 45).

41 Vgl. zu den Reimtechniken im Rap Wolbring 2015, S. 317 ff.

42 Scholz 2003, S. 245.

43 Wagenknecht 1981, S. 37.

44 Vgl. Wolbring 2015, S. 318 f.

45 Vgl. Leclercq 1975, S. 57.

46 Vgl. Franke: „Je mehr Silben sich reimen, umso fortgeschrittener gilt diese Technik. Je nachdem wie viele Silben sich reimen, spricht man von Trippelreimen [sic] bzw. Dreifachreimen, Vierfachreimen etc. oder Kombos" (Franke 2006, S. 93).

len“ und „-mischten Gefühlen“ oder „alt für die Jungen“, „alle sich um“ und „Haltet den Mund!“).[47] Der *Doppelreim* oder *Double-Rhyme*, bei dem mindestens zwei betonte Silben berücksichtigt werden, gilt dabei als Standard.[48] Neben der Reim-Exotik und der Mehrsilbigkeit fungieren zudem die Reimdichte und die Menge an Reimpartnern als ästhetische Wertmaßstäbe.

phonetische Rekurrenz

In Samys Rap ist die Reimdichte dabei besonders hoch, da nicht nur die Silben am Zeilenende, sondern auch die in der Mitte in Reimbeziehungen eingebunden sind. Raps sind metrisch taktgebunden organisiert (siehe Kap. 9).[49] Jede Zeile entspricht dabei einem Takt mit vier Schlägen, die jeweils eine Betonung erwarten lassen, besonders auf 2 und 4. In den ersten beiden Zeilen liegen die Betonungen etwa auf den Silben „weich“, „Hart-“, „hart“ und „Weich-“ bzw. auf „reich“, „Arm-“, „arm“und „Reich-“, wodurch sie alle in mehrfachen Reimbeziehungen stehen. Dadurch dass zudem die Wortfolge „ich bin zu“ beständig wiederholt wird, erscheint der Text durchgehend phonetisch rekurrent, also hinsichtlich der Lautung wiederholend, und formal invariant, d. h. unveränderlich.

lautlich legitimierte Dichotomien

Bemerkenswert an diesem Rap ist vor allem, dass der Reim hier nicht – wie im Rap üblich – allein als asemantisches Lautspiel zur Ausstellung der eigenen Kunstfertigkeit zu fungieren scheint,[50] sondern in seiner formalen Ausgestaltung zum Inhalt korrespondiert. Der Text schildert die Mehrheitsgesellschaft als oppositionell und damit latent dichotomisch strukturiert (siehe Kap. 7). Der Sprecher sieht sich immer wieder vor eine Zugehörigkeitsentscheidung gestellt, die er nicht eindeutig zu treffen vermag. Die Begriffspaare suggerieren in ihrer oppositionellen Anlage eine Alternativlosigkeit, entweder *hart* oder *weich, schwarz* oder *weiß, arm* oder *reich*. Dabei stehen hart, schwarz und arm bzw. weich, weiß und reich zusätzlich in assonantischer Reimbeziehung, wodurch die Begriffspaare in ihrer Lautung

47 Vgl. Wagenknecht 1981, S. 37.
48 Vgl. Wolbring 2015, S. 323.
49 Vgl. ebd., S. 288 ff.
50 Vgl. etwa Bradley: „[The rhyme in rap] is about evincing a self-aware rhyme virtuosity“ (Bradley 2009, S. 65).

eine suggestive Folgerichtigkeit vermitteln. Die Gültigkeit der Dichotomie erscheint „lautlich legitimiert". Eine Mittelposition zwischen den opponierenden Gruppen oder eine hybride Verschmelzung ihrer Attribute wirkt dadurch noch aussichtsloser.

Dieser Effekt zeugt von einer großen Reim-Finesse, da sich oppositionelle Begriffe selten reimen (wie eben bei *schwarz* und *weiß*, usw.). Vielmehr machen sie ihre Differenz häufig auch phonetisch deutlich. Der Reimeffekt wird hier folglich durch die anderen Oppositionspaare erzielt. Die formale Invarianz, die zur empfundenen korrespondiert, wird dabei durch die zeileninterne Kreuzreimstruktur noch verstärkt.

Der Text präsentiert ein migrantisches Ich zwischen „Deutschen" und „Ausländern", das sich vergebens bemüht, der Erwartungshaltung einer binaristisch strukturierten Gesellschaft zu entsprechen, indem es versucht, „Ich-Identität durch Spiegelung an einem Anderen, am Nicht-Ich"[51] auszubilden. Die zu Superlativen gesteigerten Oppositionspaare „Lustigste" vs. „Ernsteste" und „Ungebildetste" vs. „Belehrteste" thematisieren zudem die gesellschaftliche Tendenz, Menschen über ein herausragendes Attribut zu klassifizieren. Über Rhythmus und Reim macht der Text geradezu sinnlich erfahrbar, wie gerade eine transkulturelle Migrantenexistenz an diesem Anspruch von Eindeutigkeit scheitern muss. Die „*Zweifel*" können dabei im Wortsinn als Unbehagen gegenüber dem gesellschaftlichen Binarismus verstanden werden. Dass gerade HipHop hier einen „Sinn" stiftenden Ausweg liefern soll, erkläre ich mir durch dessen starke Affinität zu strikten Versordnungsmustern, Systematik, Einheitlichkeit und Symmetrie.[52] Rapper können sich hier unter den kontrollierten Bedingungen literaler Konzeption und mit der suggestiven Beweiskraft gebundener Sprache selbst inszenieren.

Zwei Segel

Da wir im Falle von ZWEI SEGEL bereits bei der Wortgruppenbildung (siehe Kap. 4) auf die Lautung eingegangen sind, begnügen wir uns im Folgenden mit einem kurzen ergänzenden Blick auf die Reimstrukturen. Hier bie-

51 Greber 1999, S. 197.
52 Vgl. Wolbring 2015, S. 487 ff.

tet es sich etwa an, die Kreuzreimstruktur als Indiz für die „Verwobenheit“ der Segel zu deuten.

Eine spannendere Detailbeobachtung lässt sich m. E. allerdings noch in der dritten Strophe machen, denn mit „hasten“ und „rasten“ gelingt dem Text hier – wie bei Samy – die Reimpaarung zweier Antonyme. Das intuitiv näher liegende Oppositionspaar *schnell* vs. *langsam* zeigt, dass diese Form lautlicher Entsprechung von Antonymen durchaus selten ist. Die phonetische Harmonisierung der Antonyme im Reim kann entsprechend ebenfalls als Moment der Unterwanderung einer vermeintlich dichotomischen Oppositionsbeziehung gelesen werden.

12. Gedichtvergleich

Zum Abschluss dieser Einführung wenden wir uns dem Gedichtvergleich zu, also der *synoptischen* (d. h. gegenüberstellenden) Lektüre zweier Texte. Damit erweitern wir den Blick über den Text hinaus, sodass im engeren Sinne nicht mehr von einer werkimmanenten Analyse gesprochen werden kann. Textnah sollte die Lektüre dennoch ausfallen.

Gefahren des Gedichtvergleichs

Verschiedene Gedichte zu vergleichen und damit zueinander in Bezug zu setzen, kann ein lohnendes Unterfangen sein. Häufig werden Spezifika der sprachlichen Gestaltung erst durch den Vergleich sinnfällig. Gleichzeitig birgt der Vergleich auch Risiken, weil er die Wahrnehmung verändert und damit womöglich verzerrt und verfremdet. Derselbe Text kann etwa neben einem kürzeren lang und neben einem längeren kurz erscheinen, usw.

Vergleichshinsichten

Bei der Auswahl eines geeigneten Vergleichstextes kann man sich von unterschiedlichen Suchkriterien leiten lassen. In der Literaturwissenschaft werden etwa verschiedene Versionen „desselben" Textes miteinander verglichen, wodurch sich der Entstehungsprozess in seinen verschiedenen Überarbeitungsphasen nachvollziehen lässt. Auch Vergleiche ähnlicher Texte desselben Autors, derselben Epoche oder Gattung sind üblich. Häufig sind solche Gedichtvergleiche darauf angelegt Gemeinsamkeiten festzustellen, um die ästhetischen Kennzeichen der jeweiligen Gattung, Epoche, usw. zu ermitteln. Ebenfalls beliebt (gerade im Schulkontext) sind thematisch ähnliche Texte unterschiedlicher Autoren, Epochen, usw. Solche forcieren tendenziell stärker die Unterschiede in der sprachlichen Darstellung. Umsichtige Gedichtvergleiche nehmen allerdings stets gleichermaßen Unterschiede und Gemeinsamkeiten in den Blick. Dabei kann auch der abseitige Vergleich sehr unterschiedlicher Texte satte Analyseerträge ergeben, wobei idealerweise zumindest eine Gemeinsamkeit als Vergleichshinsicht (dem *tertium comparationis*) erkennbar sein sollte. So lassen sich Äpfel und Birnen wider Erwarten sehr gut vergleichen (beide sind heimisches Obst), Äpfel und binomische Formeln hingegen schlecht (es sei denn, man fände eine abstrakte bzw. symbolische Vergleichshinsicht, die sich anböte).

Der im Folgenden angestellte exemplarische Textvergleich wirkt zunächst wohl wenig naheliegend. Der erste Text – Güner Eichs INVENTUR von 1945 – ist ein Klassiker der unmittelbaren Nachkriegsliteratur, der häufig im Deutschunterricht gelesen wird. Der zweite – SONNENBANK FLAVOUR [Auszug] von Bushido – ist ein Song von einem der kontroversesten „Gangsta"-Rapper Deutschlands aus dem Jahr 2006.

Inventur

Dies ist meine Mütze,
dies ist mein Mantel,
hier mein Rasierzeug
im Beutel aus Leinen.

Konservenbüchse:
Mein Teller, mein Becher,
ich hab in das Weißblech
den Namen geritzt.

Geritzt hier mit diesem
kostbaren Nagel,
den vor begehrlichen
Augen ich berge.

Im Brotbeutel sind
ein Paar wollene Socken
und einiges, was ich
niemand verrate,

so dient es als Kissen
nachts meinem Kopf.
Die Pappe hier liegt
zwischen mir und der Erde.

Die Bleistiftmine
lieb ich am meisten:
Tags schreibt sie mir Verse,
die nachts ich erdacht.

Dies ist mein Notizbuch,
dies meine Zeltbahn,
dies ist mein Handtuch,
dies ist mein Zwirn.

Sonnenbank Flavour [Auszug][1]

Sonnenbank Flavour. BMW. Eigentum. /
Meine Clique. Meine Gang. Meine Jungs. Meine Crew. /
Mic Check. King Kong. Major Album Nummer 3. /
Eko Fresh, Baba Saad. Newcomer Nummer 1. /
Untergrund Chart Tipp. Deutsch-Rap-Elefant. /
Undercover Kickbox, Groupienutten-Penetrant /
Laptop, Rap-Gott, Lederjacken-Prollschiene /
ErsGuterJunge, yeah, mein Label eine Goldmine /
Guck mich an, Untertan, Heavy Metal Payback /
Bravo Black Schlammschlacht. Über Nacht zum Fame-Rap. /
Gang-Bang-Cowboy. Staatsfeind. Interpol. /
Brandneu Nike Shox. Endgegner-Klingelton. /
Hautcreme, Haarwachs, Nikotin, Alkohol. /
Alle Kids überall gehen raus, Album holen. /
Blitzlicht. Highlight. Was für ein Burnerbeat! /
Asphalt. Das ist G-Unit Germany /

(Refrain:)
Der Sonnenbank Flavour, Solarium-Flow /
Zur Hilfe hast du deine Kameraden geholt. /
Jungs, schaut mir in die Kerbe. Sagt mir jetzt, wer ist straighter? /

1 Vgl. das offizielle Musikvideo auf YouTube: https://www.youtube.com/watch?v=Pp-0yxAkclGY.

Das ist der Sonnenbank Flavour /
Der Sonnenbank Flavour, die künstliche Bräune. /
Du kannst sie alle holen. Komm, ich fick deine Freunde. /
Jungs, gebt euch keine Mühe. Für mich seid ihr alle Raver. /
Das ist der Sonnenbank Flavour. /

Was diese Texte m. E. für einen Vergleich prädestiniert, ist ihre formale Ähnlichkeit. Bei beiden Texten handelt es sich nämlich um eine Aufzählung *(Accumulatio)*.

Aufzählung bei Bushido

In SONNENBANK FLAVOUR listet die Sprechinstanz diverse Indikatoren ihres Lebenswandels bzw. -stils auf, d. h. eben jenes titelgebenden Sonnenbank Flavours. Hierzu zählen vor allem materielle Statussymbole („Eigentum") und konkrete Konsumgewohnheiten: das Auto („BMW"), der „Laptop", die „Lederjack[e]" und die teuren, neuen Turnschuhe („Nike Shox"), „Hautcreme, Haarwachs, Nikotin, Alkohol". Zudem wird auf die großen kommerziellen Erfolge des Rappers Bushido verwiesen: drittes Album bei einem Major-Musiklabel, das sich alle „Kids" holen, erfolgreiches eigenes Label, eigener Klingelton, usw. Genretypisch indiziert der Sprecher seine sexuelle Potenz und Attraktivität (als „Groupienutten-Penetrant" und „Gang-Bang-Cowboy"), seine Gefährlichkeit („Staatsfeind", „Kickbox", „Endgegener") und seine Verbundenheit mit einer starken männlichen Solidargemeinschaft („Clique", „Gang", „Jungs", „Crew"). Die Aufzählung ist dabei durchsetzt von selbst- oder fremdvergebenen „Ehren-Titeln" des Sprechers wie „Deutsch-Rap-Elefant" oder „Rap-Gott".

Überzeugtheit des Sprechers

Der dergestalt idealisierte Lebenswandel ist folglich der eines hypermaskulinen, omnipotenten kapitalistischen Rap-Superstars. Dabei erweist sich dieser Rap wie viele Raps als Prahl-Text, der dazu dient den Sprecher in einem positiven Licht darzustellen.[2] Zu diesem Zweck inszeniert der Text auch einen scheinkonkret apostrophierten Adressaten der Aufzählung. Dieser wird als „Untertan" imperativisch angesprochen und im Refrain lächerlich gemacht, weil

2 Vgl. Wolbring 2015, S. 389 ff.

er zu Hilfe seine „Kameraden" geholt haben soll, wobei der Sprecher keinen Zweifel daran lässt, dass er auch in diesem Fall weit überlegen bliebe. Die Überzeugtheit und Souveränität vermittelt der Sprecher zum einen durch seine feste, tiefe Stimme und seine blasierte Sprechweise. Sie ist allerdings auch formvermittelt, da die Textsorte Rap in ihrer formalen Grundstruktur den Sprecher geradezu zwangsläufig als von der Angemessenheit und Richtigkeit seiner Aussagen überzeugt ausweist.[3] Dabei ist zum einen die stimmliche Überzeugtheit zu nennen. Diese korrespondiert mit einer rhythmisch-lautlichen Geschlossenheit, da der Text wie alle Raps takt- (siehe Kap. 9) und reimgebunden (siehe Kap. 10) konzipiert wurde. Dies führt zu einem konstanten, geschlossenen und endbetonten Regelmaß im Sprechrhythmus, das zur rap-typischen Paarreimbindung am Zeilenende korrespondiert. Zusammengenommen bewirken diese Faktoren den Eindruck eines in sich geschlossenen Korrespondenz-Prinzips von Zeile und Gegenzeile, bei dem erstere in Erwartung der kommenden eine Spannung erzeugt, die letztere unumstößlich und zwangsläufig auflöst. Das Gesagte bekommt dadurch eine unterschwellig wirkende lautliche Legitimation (siehe Kap. 10), die keine Einwände zulässt.

Statusbeleg

Dieser grundsätzliche Effekt wird in SONNENBANK FLAVOUR dadurch verstärkt, dass keine Prädikate bzw. keine kompletten Sätze verwendet werden. Stattdessen wirkt die Aufzählung wie eine Suade der Statusbelege, die in ihrer Rastlosigkeit und Ununterbrechbarkeit das Gegenüber geradezu überrollt. Gleichzeitig werden die Statusbelege durch die Geschlossenheit der Form wie auch durch das Fehlen von Prädikaten zu Invarianten. Der „Status-Bericht" erscheint nicht als Momentaufnahme, sondern als genereller Ist-Zustand. Sowohl Form als auch Inhalt verweisen darauf, dass die primären Funktionen der aufgezählten Items sekundär bzw. gar nicht von Interesse sind. Entscheidend ist ihre jeweilige Eignung als Statusbeleg, da die Aufzählung wohl vornehmlich der Selbstdarstellung dient.

Identität bei Bushido

Liest man den Text als einen Identitätstext, der mit dem beschriebenen Lebenswandel auch das Selbstverständnis des sprechenden Subjekts thematisiert, dann

3 Vgl. ebd., S. 427 ff.

fällt auf, dass die Aufzählung innere Werte, ideologische bzw. religiöse Bekenntnisse wie auch die eigene Gefühlslage völlig ausspart. Dieses beinahe existenzielle Bekenntnis zur Oberfläche wird im Refrain dezidiert angesprochen. Der „Sonnenbank Flavour" ist das Life-Style-Ideal der „künstlichen Bräune"; der Status des „Gebräunt-Seins" interessiert mehr als das Erlebnis des Sonnenbades.

Aufzählung bei Eich

Eichs INVENTUR ist nun eine offensichtlich andere und doch gerade in der Formsprache auch deutlich verwandte Aufzählung. Es ist die karge Bestandsaufnahme der verbliebenen Habseligkeiten, nüchtern vermittelt von einer Sprechinstanz im zertrümmerten Deutschland nach dem zweiten Weltkrieg. Ganz anders als bei SONNENBANK FLAVOUR sind es Gegenstände ohne jeden Prestigewert (auch wenn der Nagel anscheinend Begehrlichkeiten weckt), dafür aber mit existentieller Bedeutung für den Sprecher in ihrer basalen Funktionalität.

nüchterne Wertschätzung

Die Wertschätzung, die er ihnen zuteilwerden lässt, wird dabei nicht nur durch Formulierungen wie „kostbar" oder „lieb ich am meisten" deutlich (besonders bezogen auf seine beiden „Schreibgeräte" Nagel und Bleistiftmine), sondern auch durch die erzählerische Ruhe, die der Text durch seinen Rhythmus erzeugt, und die vergleichsweise umständliche Aufzählungsformulierung vermittelt: „Dies ist mein[e]". Auf jeden Gegenstand wird eigens via *Deiktikon* (d. h. Zeigewort) verwiesen. Es wirkt als werde der Gegenstand aufgenommen und vor Augen geführt. Im direkten Vergleich mit dieser wertschätzenden Ruhe, gewinnt Bushidos Aufzählung an Beiläufigkeit. Die Überfülle seiner Statusbelege lassen eine nähere Betrachtung eines einzelnen unnötig erscheinen. Gleichzeitig fällt auf, dass Eichs Aufzählung bei aller impliziten Wertschätzung dahingehend nüchtern und karg ausfällt, dass er die Gegenstände nicht eingehender beschreibt und damit individualisiert, sondern maximal konventionalisiert (siehe Kap. 2). Sie scheinen einzig in ihrer Funktion als Mütze, Mantel, usw. relevant und nicht in ihrer spezifischen Ausgestaltung.

Identität bei Eich

Eichs Text unterscheidet sich auch in seiner Adressierung. Die Notwendigkeit eines Geheimnisses (im Brotbeutel) impliziert zwar ein Gegenüber, doch scheint der Text insgesamt doch eher als wirkliche Inventur der eigenen Habe und damit als Selbstgespräch. Umso mehr wirkt diese Inventur wie ein heimlicher Identitätstext: Da das eigene (Über-) Leben derart existentiell vom Vorhandensein und Funktionieren der Gegenstände abhängt, wird der Besitz zum einzig Erzählnotwendigen eines Subjekts, das in den Trümmern seiner Lebenswelt, wie auch in denen aller Ideologien, ums nackte Überleben kämpft.

Possessivpronomen

Noch stärker als in SONNENBANK FLAVOUR fällt der häufige Gebrauch des Possessivpronomens „mein(e)“ auf. Die Häufung impliziert, dass dem Sprecher sehr daran gelegen ist, die Gegenstände als Besitz auszuweisen, aber auch die Vertrautheit und Nähe zu ihnen zu markieren. Der Status des Besitzens schlägt quasi die Brücke vom Gegenstand zum Subjekt und erlaubt erst die Lesart dieses Textes als Identitätstext. Bemerkenswert erscheint in diesem Zusammenhang, dass ausgerechnet der Name, der zur Besitzmarkierung ins Blech geritzt wird (was wohl die Kostbarkeit des Nagels begründet), nicht mit dem possesiven *mein* versehen wird. Gerade dieser basal identitätsstiftende „Wort-Besitz“ scheint dem Sprecher abhandengekommen zu sein bzw. nicht mehr länger als wichtiger Identitätsfaktor zu interessieren.

Ideologische Nähe

Eichs Gedicht gilt als Musterstück der Trümmer- bzw. Kahlschlagliteratur, als radikale Abkehr von allem Ideologischen und Ästhetischen und als Bekenntnis zum Empirischen und Existenziellen.[4] In dieser Lesart ist er Bushidos SONNENBANK FLAVOUR tatsächlich verwandt. Beide Texte zeugen in gewisser Hinsicht von „transzendentaler Obdachlosigkeit“[5], ohne dass die Sprecherinstanzen diesen Umstand zu bedauern schienen. Es sind beides Zeitdokumente, anhand derer sich eine extreme Güterfixierung diagnostizieren lässt, worin sich die Trümmerliteraten der Nachkriegszeit und die „Gangsta“-Rapper unserer Gegenwart – wenn auch aus offensichtlich unterschiedlichen Motiven – erstaunlich nahe stehen. Die Texte gleichen sich auch in ihrem Autorschaftsverständnis, da beide – anders als im Umgang mit literarischen Texten üblich – zumeist als autobiographisch intendierte

4 Vgl. etwa Schläbitz 2007, S. 36 f.
5 Lukács 1982 [1916], S. 47.

Texte rezipiert werden. Bushido, bürgerlich Anis Ferchichi, verhandelt zumindest in Teilen verifizierbare Erfolge als lebenswirklicher Rap-Interpret; Eichs Text gilt als Erfahrungsbericht des aus der Kriegsgefangenschaft Heimkehrenden. Dieser Umstand macht beide Texte als Identitätstexte so relevant.

formale Nähe

Der Vergleich schärft das Bewusstsein für das sprachliche Darstellungsverfahren der Aufzählung, das im weitgehenden Verzicht auf Prädikate (bis auf *sein*) und damit einhergehend dem Verzicht auf Handlung und Vergänglichkeit, den Dingen eine sachliche Ordnung und damit auch ihre Konstanz verleiht. Die Schmucklosigkeit der Aufzählung ist dabei eine nur vorgeschobene bzw. ästhetisch instrumentalisierte. Bushido koppelt sie an die Stilmittel seiner Textsorte und erreicht einen Überforderungseffekt, Eich nutzt sie zur Entwicklung einer neuen Formsprache. Dass er seinen Text dabei nicht als grundsätzliche Absage an das Ästhetische intendiert hat, belegt nicht nur das im Text referierte Verse Schreiben. In seiner Strophierung rekurriert er auf das Sonett.[6] Eine mögliche Lesart Eichs könnte daher lauten, dass die ästhetische Ordnung der Poesie auch und gerade in Trümmern überlebt.

Auch unser Segel-Gedicht ließe sich sicher ertragreich mit vielen anderen vergleichen. Besonders fruchtbar erscheint mir in diesem Zusammenhang die Betrachtung seiner diversen Vorformen und Varianten.[7] Auch ließen sich bestimmte Beobachtungen auf andere Meyer-Gedichte übertragen, etwa auf sein Gedicht Der Dritte, das möglicherweise ebenfalls eine Überwindung oder Unterwanderung des Binarismus thematisiert. Literarische Vorläufer und Vorbilder können zum Vergleich angeführt werden. So taucht das Segelboot als erotisches Motiv etwa bereits in Ovids Ars amtoria auf.[8] Aber auch wesentlich andersartige Gedichte könnten gewinnbringend herangezogen und in ihrer Differenz den Blick auf den Ursprungstext schärfen.

Unabhängig davon, ob und wie ich die vielfältigen Befunde der bisherigen Analysen nun in eine umfassende Interpretation über-

6 Vgl. Vogt 2002, S. 141.
7 Vgl. für eine übersichtliche Auflistung dieser Zeller 1991.
8 Vgl. hierzu Knauth 1975.

führe, ob sie vollständig sind oder ob Wesentliches übersehen wurde und ob sie den Absichten des Autors entsprechen oder nicht, ist bei der Lektüre dieses Bandes hoffentlich deutlich geworden, wie produktiv ein textnahes, kriteriengeleitetes „Gespräch“ mit einem Gedicht verlaufen kann. Nun gilt es zu prüfen, inwieweit meine Befunde anderen nachvollziehbar erscheinen: im Gespräch mit StudentInnen, SchülerInnen, KollegInnen und nicht zuletzt Leser-Innen.

13. Literatur

Primärliteratur

Ingeborg Bachmann: Reklame. In: Werke, Bd. 1. Gedichte © 1978 Piper Verlag GmbH, München.

Gottfried Benn: ein Wort. In: Statische Gedichte. Gedichte 1937–1947. © 1948, 2006 by Arche Literatur Verlag AG, Zürich-Hamburg, S. 66.

Clemens Brentano: Zu Bacharach am Rheine. In: Wolfgang Frühwald (Bd. 1)/ Bernhard Gajek (Bd. 1)/Friedhelm Kemp (Bd. 1): Clemens Brentano. Werke, Bd. 1. Carl Hanser Verlag, München: 1968 [1801], S. 112–115.

Vicco von Bülow: Weihnachten bei Hoppenstedts. In: Vicco von Bülow in Zusammenarbeit mit Stefan Lukschy (Hrsg.): Loriot VI. In: Loriot. Die Vollständige Fernsehedition. Warner Home Video 2007 [1978], Disc 4.

Bushido: „Sonnenbank Flavour." Album: V.D.S.Z. B.Z.-Von Der Skyline zum Bordstein zurück. Universal 2006.

Günter Eich: „Inventur" aus: Günter Eich, Gesammelte Werke in vier Bänden. Band I: Die Gedichte. Die Maulwürfe © Suhrkamp Verlag Frankfurt am Main 1991. Alle Rechte bei und vorbehalten durch Suhrkamp Verlag Berlin.

Joseph von Eichendorff: Mondnacht. In: Joseph Freiherrn von Eichendorff's sämmtliche Werke. 1. Band. Biographische Einleitung und Gedichte. Leipzig, Voigt & Günther 1864 [1835], S. 604.

–: Waldgespräch. Aus: Gedichte. Berlin, Duncker & Humblot 1837, S. 427. ursprünglich ohne Titel aus: Ahnung und Gegenwart. Ein Roman. Mit einem Vorwort von de la Motte Foqué. Nürnberg, Schrag, 1815, S. 285 f.

Johann Wolfgang von Goethe: Erlkönig. In: Werke, Band 1. Stuttgart und Tübingen: Cotta, 1815 [1782], S. 169 f.

Nora Gomringer: I Dich aus dem Leben lösen In: Mein Gedicht fragt nicht lange reloaded. Dresden/Leipzig: Voland & Quist Verlag, 2015.

Ulla Hahn: ARS POETICA In: Ulla Hahn: Gesammelte Gedichte © 2013, Deutsche Verlags-Anstalt, München, in der Verlagsgruppe Random House GmbH.

Peter Handke: „Die Mannschaftsaufstellung des 1. FC Nürnberg vom 27.1.1968", aus: Die Innenwelt der Außenwelt der Innenwelt. © Suhrkamp Verlag Frankfurt am Main 1969. Alle Rechte bei und vorbehalten durch Suhrkamp Verlag Berlin.

Heinrich Heine: Das Loreleylied. In: Historisch-kritische Gesamtausgabe der Werke, Herausgegeben. vom Manfred Windfuhr, Bd. I/2: Buch der Lieder. Text, bearbeitet von Pierre Grappin, Hamburg 1975 [1823], S. 206–220.

Johann Gottfried Herder: Erlkönigs Tochter. In: Johann Gottfried Herder: Stimmen der Völker in Liedern. Stuttgart 1975 [1778], S. 281–283.

ernst jandl: wien : heldenplatz In: Werke in 6 Bänden (Neuausgabe), hrsg. von Klaus Siblewski ebd.: poetische werke. Band 2: laut und luise. verstreute gedichte 2. Luchterhand München 1997, S. 46. © Luchterhand Literaturverlag, München, in der Verlagsgruppe Random House GmbH.

Susanne Körner: Kassenbongedichte – So einkaufen, dass ein Gedicht entsteht. Hamburg 2001.

Bernd Lunghard: „Gedichtbehandlung" In: Hans Joachim Gelberg (Hrsg.), Großer Ozean – Gedichte für alle, Weinheim und Basel 2000

Conrad Ferdinand Meyer: Zwei Segel. In: Gedichte. Verlag von H. Haessel, Leipzig 1882, S. 150.

Ralf Rothmann: Bergschäden/Familienbild, aus: Ralf Rothmann, Kratzer und andere Gedichte. © Suhrkamp Verlag Frankfurt am Main 1991. Alle Rechte bei und vorbehalten durch Suhrkamp Verlag Berlin.

Samy Deluxe: „Wer ich bin." Album: Dis wo ich herkomm. EMI 2009.

Sekundärliteratur

Abraham, Ulf: *StilGestalten. Geschichte und Systematik der Rede vom Stil in der Deutschdidaktik.* Tübingen 1996.

Aderhold, Egon: „Über Dichtungssprechen." In: Krech, Eva-Maria und Eberhard Stock (Hrsg.): *Sprechen als soziales Handeln.* Hanau 1997, S. 19–30.

–: *Das gesprochene Wort.* Berlin 1995.

Albertsen, Leif: *Neuere deutsche Metrik.* Bern/New York 1984.

Anders, Petra: *Lyrische Texte im Deutschunterricht. Grundlagen, Methoden, multimediale Praxisvorschläge.* Seelze 2013.

Andreotti, Mario: *Die Struktur der modernen Literatur. Neue Wege in der Textanalyse. Einführung Erzählprosa und Lyrik.* Bern [u. a.] 2000 [1983].

Andresen, Ute: *Versteh mich nicht so schnell. Gedichte lesen mit Kindern.* Weinheim/Berlin 1992.

Anz, Thomas: „Regeln der Sympathielenkung. Normative und deskriptive Poetiken emotionalisierender Figurendarstellung." In: Hillebrandt, Claudia und Elisabeth Kampmann (Hrsg.): *Sympathie und Literatur: zur Relevanz des Sympathiekonzeptes für die Literaturwissenschaft.* Berlin 2014, S. 153–168.

–: „Literatur als Spiel/Ulla Hahn: Ars Poetica." In: Hinck, Walter (Hrsg.): *Gedichte und Interpretationen. Bd. 7: Gegenwart II.* Stuttgart 1997, S. 195–204.

Arndt, Erwin und Harald Fricke: „Rhythmus." In: Müller, Jan-Dirk (Hrsg.): *Reallexikon der deutschen Literaturwissenschaft: Neubearbeitung des Reallexikons der deutschen Literaturgeschichte.* Bd. 3. Berlin/New York 2007, S. 301–304.

Asmuth, Bernhard: *Aspekte der Lyrik: mit einer Einführung in die Verslehre.* Opladen 1979.

Atkinson, Richard C. und Richard M. Shiffrin: „Human Memory: A Proposed System and Its Control Processes." In: Spence, Kenneth W. und Janet Taylor Spence (Hrsg.): *The Psychology of Learning and Motivation: Advances in Research and theory.* Bd. 2. New York 1968, S. 89–195.

Austin, John L.: *Zur Theorie der Sprechakte.* Stuttgart 2005 [1962].

Barthes, Roland: *Die Lust am Text.* Frankfurt am Main 1992 [1973].

Bauer, Johann: „Ingeborg Bachmann: Reklame." In: Bauer, Johann (Hrsg.): *Lyrik interpretiert. Lernzielplanung und Unterrichtsmodelle für das 7.-10. Schuljahr.* Hannover 1972, S. 191–194.

Bekes, Peter: „Wege zur Gegenwartslyrik." In: *Der Deutschunterricht* 6 (2007), S. 4–10.

Berensmeyer, Ingo: „Methoden hermeneutischer und neohermeneutischer Ansätze." In: Nünning, Vera und Ansgar Nünning (Hrsg.): *Methoden der literatur- und kulturwissenschaftlichen Textanalyse.* Stuttgart/Weimar 2010, S. 29–51.

Bergengruen, Maximilian: „‚Betriegliche Apparentzen.' Techniken der Imaginationssteuerung in Andreas Gryphius' *Leo Armenius.*" In: *DVJs* 89, Nr. 2 (2015), S. 182–198.

Berger, Norbert: „Günter Eichs *Inventur* – mehr als ein Zeitdokument?" In: *Praxis Deutsch* 213 (2009), S. 33–38.

Biere, Bernd U.: „Schriftlichkeit und Mündlichkeit – Vereinheitlichung und Verständlichkeit." In: Stötzel, Georg (Hrsg.): *Germanistik, Forschungsstand und Perspektiven: Vorträge des Deutschen Germanistentages 1984.* Berlin/New York 1985, S. 346–366.

Binder, Alwin [u. a.]: *Einführung in Metrik und Rhetorik.* Kronberg 1974.

Binder, Alwin und Heinrich Richartz: *Lyrikanalyse: Anleitung und Demonstration an Gedichten von Benjamin Schmolck, Frank Wedekind und Günter Eich.* Frankfurt am Main 1984.

Birkenhauer, Renate: *Reimpoetik am Beispiel Stefan Georges: phonologischer Algorithmus und Reimwörterbuch.* Tübingen 1983.

Birkner, Nina und Süselbeck, Jan: „Interpretation von Ernst Jandls Gedicht ‚wien : heldenplatz'". In: Geier, Andrea und Jochen Strobel (Hrsg.): *Deutsche Lyrik in 30 Beispielen.* Köln/Weimar/Wien 2010, S. 255–262.

Bisanz, Adam: „Linearität versus Simultaneität im narrativen Zeit-Raum-Gefüge. Ein methodisches Problem und die medialen Grenzen der modernen

Erzählstruktur." In: Haubrichs, Wolfgang (Hrsg.): *Erzählforschung: Theorien, Modelle und Methoden der Narrativik.* Göttingen 1976, S. 184–224.

Bockelmann, Eske: „Der Rhythmus nach betont und unbetont: Antwort auf eine kopernikanische Frage." In: Küper, Christoph (Hrsg.): *Meter, rhythm, and performance = Metrum, Rhythmus, Performanz.* Frankfurt am Main/New York 2002, S. 75–89.

–: *Propädeutik einer endlich gültigen Theorie von den deutschen Versen.* Tübingen 1991.

Bode, Christoph: *Einführung in die Lyrikanalyse.* Trier 2001.

Böhme, Gernot und Gisbert Hoffmann (Hrsg.): *Benn und wir. Existentielle Interpretationen zu Gedichten von Gottfried Benn.* Berlin 2008.

Bolter, Jay David und Richard Grusin: *Remediation: understanding new media.* Cambridge (Massachusetts) 1999.

Böning, Thomas: „Allegorisieren/Symbolisieren." In: Bosse, Heinrich und Ursula Renner (Hrsg.): *Literaturwissenschaft. Einführung in ein Sprachspiel.* Freiburg im Breisgau 1999, S. 157–176.

Bornscheuer, Lothar: *Topik: zur Struktur der gesellschaftlichen Einbildungskraft.* Frankfurt am Main 1976.

Bosse, Heinrich: „Das Gedicht als sprachliche Handlung betrachtet. Ulla Hahn ‚mit Haut und Haar.'" In: *Der Deutschunterricht* 4 (2010), S. 66–77.

Bouterwek, Friedrich: „Lyrische Formen." In: Völker, Ludwig (Hrsg.): *Lyriktheorie. Texte vom Barock bis zur Gegenwart.* Stuttgart 2005 [1825], S. 158–160.

Bradley, Adam: *Book of rhymes: the poetics of hip hop.* New York, NY 2009.

Breithaupt, Fritz: *Kulturen der Empathie.* Frankfurt am Main 2009.

Brode, Hanspeter: „Ein Kreiseltanz der Bilder und Metaphern." In: *Frankfurter Anthologie* 22 (1999), S. 202–204.

Bühler, Karl: *Sprachtheorie.* Stuttgart 1999 [1934].

Burdorf, Dieter (Hrsg.): *Edition und Interpretation moderner Lyrik seit Hölderlin.* Berlin/New York 2010.

–: *Einführung in die Gedichtanalyse.* Stuttgart 2015 [1995].

Butler, Judith: *Hass spricht. Zur Politik des Performativen.* Berlin 1998 [1997].

Campe, Rüdiger: „Im Reden Handeln: Überreden und Figurenbilden." In: Bosse, Heinrich und Ursula Renner (Hrsg.): *Literaturwissenschaft. Einführung in ein Sprachspiel.* Freiburg im Breisgau 1999, S. 123–139.

Candel Bormann, Daniel: *Literatur interpretieren: ein Analyse-Tool.* Göttingen 2013.

Cruse, David (Hrsg.): *Lexikologie: ein internationales Handbuch zur Natur und Struktur von Wörtern und Wortschätzen.* Berlin 2002.

Culler, Jonathan D.: *Literaturtheorie. Eine kurze Einführung.* Stuttgart 2008 [1997].

Crystal, David: *Die Cambridge-Enzyklopädie der Sprache*. Frankfurt am Main 1993 [1987].

Däschler, Eberhard: „Metrum." In: Schweikle, Günther und Irmgard Schweikle (Hrsg.): *Metzler-Literatur-Lexikon*. Stuttgart 1990, S. 304.

Deppermann, Arnulf: *Gespräche analysieren. Eine Einführung*. Wiesbaden 2008 [2001].

Detering, Heinrich: *Vom Zählen der Silben. Über das lyrische Handwerk*. München 2009.

Domin, Hilde: *Wozu Lyrik heute. Dichtung und Leser in der gesteuerten Gesellschaft*. München 1968.

Drews, Jörg: „Über ein Gedicht von Ernst Jandl: wien: heldenplatz." In: Schmidt-Dengler, Wendelin (Hrsg.): *Ernst Jandl. Materialienbuch*. Darmstadt 1982, S. 34–44.

Eagleton, Terry: *How to read a poem*. Malden (Massachusetts) 2006.

–: *Einführung in die Literaturtheorie*. Stuttgart 1992.

Eco, Umberto: *Im Wald der Fiktionen. Sechs Streifzüge durch die Literatur. Harvard-Vorlesungen*. München 1994.

Ehlich, Konrad: „Medium Sprache." In: Strohner, Hans, Lorenz Sichelschmidt und Martina Hielscher (Hrsg.): *Medium Sprache*. Frankfurt am Main/New York 1998, S. 9–23.

–: „Funktion und Struktur schriftlicher Kommunikation." In: Günther, Hartmut und Otto Ludwig (Hrsg.): *Schrift und Schriftlichkeit. Writing and its Use*. Bd. 1. Berlin 1994, S. 18–41.

–: „Literarische Landschaft und deiktische Prozedur: Eichendorff." In: Schweizer, Harro (Hrsg.): *Sprache und Raum: psychologische und linguistische Aspekte der Aneignung und Verarbeitung von Räumlichkeit*. Stuttgart 1985, S. 246–262.

–: „Text und sprachliches Handeln. Die Entstehung von Texten aus dem Bedürfnis nach Überlieferung." In: Assmann, Aleida, Jan Assmann und Christof Hardmeier (Hrsg.): *Schrift und Gedächtnis: Beiträge zur Archäologie der literarischen Kommunikation*. München 1983, S. 24–45.

Ehlich, Konrad und Jochen Rehbein: „Sprachliche Handlungsmuster." In: Soeffner, Hans-Georg (Hrsg.): *Interpretative Verfahren in den Sozial- und Textwissenschaften*. Stuttgart 1979, S. 243–275.

Elit, Stefan: *Lyrik. Formen, Analysetechniken, Gattungsgeschichte*. Paderborn 2008.

Eliot, Thomas S.: *Der Vers. Vier Essays*. Frankfurt am Main 1952 [1942].

Enzensberger, Hans Magnus: „Lyrik nervt! Erste Hilfe für gestreßte Leser." Frankfurt am Main 2004.

–: „Bescheidener Vorschlag zum Schutze der Jugend vor den Erzeugnissen der Poesie." In: Ders.: *Mittelmaß und Wahn. Gesammelte Zerstreuungen*. Frankfurt am Main 1988, S. 23–42.

Eschweiler, Christian: „Gottfried Benn. Von der Verworfenheit zum Zauber und der Magie der Worte." In: Ders.: *Die Sprachkunst großer deutscher Dichter: dreizehn literarisch-pädagogische Beiträge zur Dichtung und Bildung.* Weilerswist 2004, S. 255–283.

Fehlberg, Kathrin: *Gelenkte Gefühle. Literarische Strategien der Emotionalisierung und Sympathielenkung in den Erzählungen Arthur Schnitzlers.* Marburg 2014.

Fehrmann, Gisela und Erika Linz: „Resistenz und Transparenz der Zeichen. Der verdeckte Mentalismus in Sprach- und Medientheorie." In: Fohrmann, Jürgen und Erhard Schüttpelz (Hrsg.): *Die Kommunikation der Medien.* Tübingen 2004, S. 81–105.

Felsner, Kristin, Holger Helbig und Therese Manz: *Arbeitsbuch Lyrik.* Berlin 2012 [2009].

Finnegan, Ruth H.: *Oral poetry: its nature, significance, and social context.* Bloomington 1992 [1977].

Fiske, John: *Understanding popular culture.* Boston 1989.

Fludernik, Monika: „Das Gefängnis als Empathieraum. Sympathielenkung und Identifikation mit dem inhaftierten Subjekt an der Wende zum 19. Jahrhundert." In: Breger, Claudia und Fritz Breithaupt (Hrsg.): *Empathie und Erzählung.* Freiburg 2010, S. 151–173.

Forster, E.M.: *Aspects of the Novel.* London 1960 [1927].

Frank, Horst Joachim: *Wie interpretiere ich ein Gedicht? Eine methodische Anleitung.* Tübingen/Basel 2003 [1991].

Franke, Dirk: *Hip Hop Kultur – Musik – Geschichte.* Berlin 2006.

Franz, Kurt und Rupert Hochholzer (Hrsg.): *Lyrik im Deutschunterricht. Grundlagen – Methoden – Beispiele.* Baltmannsweiler 2006.

Freund, Winfried: *Deutsche Lyrik. Interpretationen vom Barock bis zur Gegenwart.* München 1990.

Fricke, Harald: „Definieren von Gattungen." In: Zymner, Rüdiger (Hrsg.): *Handbuch Gattungstheorie.* Stuttgart 2010, S. 10–13.

–: „Poetik." In: Müller, Jan-Dirk (Hrsg.): *Reallexikon der deutschen Literaturwissenschaft: Neubearbeitung des Reallexikons der deutschen Literaturgeschichte.* Bd. 3. Berlin/New York 2007, S. 100–105.

–: *Norm und Abweichung. Eine Philosophie der Literatur.* München 1981.

Friedrich, Hugo: *Die Struktur der modernen Lyrik. Von der Mitte des neunzehnten bis zur Mitte des zwanzigsten Jahrhunderts.* Reinbek 2006.

Fry, Stephen: *Feigen, die fusseln. Entfessle den Dichter in dir.* Berlin 2008 [2005].

Geier, Andrea und Jochen Strobel (Hrsg.): *Deutsche Lyrik in 30 Beispielen.* Paderborn 2011.

Geißner, Hellmut: „Unerhört? Was Sprachwissenschaftler vom Hören und Sprechen wußten, ehe es eine Sprechwissenschaft gab." In: Krech, Eva-Maria und Eberhard Stock (Hrsg.): *Sprechen als soziales Handeln.* Hanau 1997, S. 90–99.

–: *Sprechwissenschaft: Theorie der mündlichen Kommunikation*. Königstein im Taunus 1981.

Genette, Gérard: *Die Erzählung*. Paderborn 2010 [1998].

Giehrl, Hans E. und Erhard Peter Müller: *Poesie im Unterricht. Gedichte, Balladen, Songs. Interpretationen und Analysen für den Deutschunterricht der 5. bis 10. Jahrgangsstufe*. München 1994.

Goetsch, Paul: „Fingierte Mündlichkeit in der Erzählkunst entwickelter Schriftkulturen." In: *Poetica* 17 (1985), S. 202–219.

von Goethe, Johann Wolfgang: „Ballade." In: Ders.: *Berliner Ausgabe. Kunsttheoretische Schriften und Übersetzungen* [Bd. 17–22], Bd. 17, Berlin 1960 [1821], S. 59--594.

Goffman, Erving: *Wir alle spielen Theater. Die Selbstdarstellung im Alltag*. München 2008 [1959].

Göttert, Karl-Heinz: *Geschichte der Stimme*. München 1998.

–: *Einführung in die Rhetorik: Grundbegriffe, Geschichte, Rezeption*. München 1991.

Grabes, Herbert: „Wie aus Sätzen Personen werden ..." In: *Poetica* 10 (1978), S. 405–428.

Greber, Erika: „Oppositionen." In: Bosse, Heinrich und Ursula Renner (Hrsg.): *Literaturwissenschaft. Einführung in ein Sprachspiel*. Freiburg im Breisgau 1999, S. 193–211.

Greimas, Algirdas: *Strukturale Semantik. Methodologische Untersuchungen*. Braunschweig 1971 [1966].

Grice, Herbert Paul: „Logik und Konversation." In: Meggle, Georg (Hrsg.): *Handlung, Kommunikation, Bedeutung*. Frankfurt am Main 1993 [1975], S. 243–265.

Groddeck, Wolfram: *Reden über Rhetorik. Zu einer Stilistik des Lesens*. Frankfurt am Main 2008.

Gumbrecht, Hans Ulrich: „Rhythmus und Sinn." In: Gumbrecht, Hans Ulrich und Karl Ludwig Pfeiffer (Hrsg.): *Materialität der Kommunikation*. Frankfurt am Main 1988, S. 714–730.

Hallet, Wolfgang: „Methoden kulturwissenschaftlicher Ansätze: Close Reading und Wide Reading." In: Nünning, Vera und Ansgar Nünning (Hrsg.): *Methoden der literatur- und kulturwissenschaftlichen Textanalyse*. Stuttgart/Weimar 2010, S. 293–317.

Hanenberg, Peter: „Sympathielenkung: Von den Spiegelneuronen zur konzeptuellen Integration." In: Lusin, Caroline (Hrsg.): *Empathie, Sympathie und Narration. Strategien der Rezeptionslenkung in Prosa, Drama und Film*. Heidelberg 2014, S. 41–57.

Hanna, Christian M. und Friederike Reents (Hrsg.): *Benn-Handbuch. Leben – Werk – Wirkung*. Stuttgart 2016.

Hartung, Harald: *Ein Unterton von Glück. Über Dichter und Gedichte.* Göttingen 2007.

Harzer, Friedmann: *Literarische Texte interpretieren: Lyrik – Prosa – Drama.* München 2017.

Havelock, Eric A.: *Schriftlichkeit.* Weinheim 1990.

Hayer, Björn: „Gemeinsam mit dem ‚Du' – Überlegungen zu einer Poetik medialer Rationalität in der Lyrik Stefan Georges." In: *Text und Kontext* 37 (2015), S. 87–103.

Hebekus, Uwe: „Topik/Inventio." In: Pechlibanos, Miltos [u. a.] (Hrsg.): *Einführung in die Literaturwissenschaft.* Stuttgart 1995, S. 82–97.

Helbling, Hanno: *Rhythmus: ein Versuch.* Frankfurt am Main 1999.

Helmstetter, Rudolf: „Lyrische Verfahren: Lyrik, Gedicht und poetische Sprache." In: Pechlibanos, Miltos [u. a.] (Hrsg.): *Einführung in die Literaturwissenschaft.* Stuttgart 1995, S. 27–43.

Hempfer, Klaus: *Lyrik. Skizze einer systematischen Theorie.* Stuttgart 2014.

Henel, Heinrich: „Conrad Ferdinand Meyer: Lyrik der Beschaulichkeit." In: *Monatshefte* 60, Nr. 3 (1968), S. 221–234.

Heringer, Hans Jürgen: *Texte analysieren und verstehen. Eine linguistische Einführung.* Paderborn 2011.

Heusler, Andreas: *Deutsche Versgeschichte. Deutsche Versgeschichte mit Einschluss des altenglischen und altnordischen Stabreimverses.* Berlin 1956 [1925–1929].

Hinck, Walter: „Traumwäscherei." In: Reich-Ranicki, Marcel (Hrsg.): *Frankfurter Anthologie. Gedichte und Interpretationen.* Bd. 13. Frankfurt am Main 1990, S. 236–238.

Hoffmann, Dieter: *Arbeitsbuch Deutschsprachige Lyrik seit 1945.* Tübingen/Basel 1998.

Holz, Arno: *Die Revolution der Lyrik.* Wiesbaden 1951 [1899].

Hönig, Christoph: *Neue Versschule.* Paderborn 2008.

Horaz [Quintus Horatius Flaccus]: Ars Poetica. *Die Dichtkunst.* Lateinisch/Deutsch. Übers. und mit einem Nachwort versehen von Eckart Schäfer. Stuttgart 1984 [ca. 13 v. Chr.]

Horch, Hans Otto: *Gottfried Benn – Worte Texte Sinn. Das Problem deskriptiver Textanalyse am Beispiel seiner Lyrik.* Darmstadt 1975.

Hühn, Peter und Jörg Schönert: „Zur narratologischen Analyse von Lyrik." In: *Poetica* 34, Nr. 3 (2003), S. 287–305.

Hummelt, Norbert und Klaus Siblewski: *Wie Gedichte entstehen.* München 2009.

Iser, Wolfgang: „Das Modell der Sprechakte." In: Wirth, Uwe (Hrsg.): *Performanz: zwischen Sprachphilosophie und Kulturwissenschaft.* Frankfurt 2002, S. 129–140.

Jaegle, Dietmar: *Das Subjekt im und als Gedicht: eine Theorie des lyrischen Text-Subjekts am Beispiel deutscher und englischer Gedichte des 17. Jahrhunderts.* Stuttgart 1995.

Jäger, Ludwig: „Sprache." In: Binczek, Natalie, Till Dembeck und Jörgen Schäfer (Hrsg.): *Handbuch Medien der Literatur.* Berlin/Boston 2013, S. 11–25.

–: „Störung und Transparenz. Skizze zur performativen Logik des Medialen." In: Krämer, Sybille (Hrsg.): *Performativität und Medialität.* München 2004, S. 35–75.

–: „Sprache als Medium. Über die Sprache als audio-visuelles Dispositiv des Medialen." In: Wenzel, Horst (Hrsg.): *Audiovisualität vor und nach Gutenberg.* Wien 2001, S. 19–43.

–: „Die Sprachvergessenheit der Medientheorie. Ein Plädoyer für das Medium Sprache." In: Kallmeyer, Werner (Hrsg.): *Sprache und neue Medien.* Berlin 2000, S. 9–31.

Jakobson, Roman: „Linguistik und Poetik." In: Ihwe, Jens (Hrsg.): *Literaturwissenschaft und Linguistik.* Bd. 1. Frankfurt am Main 1972 [1960], S. 99–136.

Jandl, Ernst: „mein gedicht und sein autor." In: Ders.: *für alle.* Frankfurt am Main 1984 [1974], S. 224–248.

Josuttis, Manfred: „Poiesis und Genesis. Zu dem Gedicht Ein Wort von Gottfried Benn." In: Krötke, Heike (Hrsg.): *Ein Wort – Ein Glanz, ein Flug, ein Feuer … Theologen interpretieren Gedichte.* Stuttgart 1998, S. 109–120.

Jünger, Friedrich Georg: *Rhythmus und Sprache im deutschen Gedicht.* Stuttgart 1966 [1952].

Kammler, Clemens: „Lyrik verstehen – Lyrik unterrichten." In: *Praxis Deutsch* 213 (2009), S. 2–12.

Kammler, Clemens und Bettina Noack: „Symbolverstehen im Literaturunterricht." In: *Praxis Deutsch* 228 (2012), S. 4–12.

Kayser, Wolfgang: *Kleine deutsche Versschule.* Bern 1968 [1946].

–: *Das sprachliche Kunstwerk. Eine Einführung in die Literaturwissenschaft.* Bern/München 1967 [1948].

Killy, Walter: *Elemente der Lyrik.* München 1972.

Kiparsky, Paul: „Über den deutschen Akzent." In: Akademie der Wissenschaften, Berlin. Arbeitsstelle Strukturelle Grammatik (Hrsg.): *Untersuchungen über Akzent und Intonation im Deutschen.* Berlin 1966, S. 69–98.

Klein, Wolfgang: „Gesprochene Sprache – Geschriebene Sprache." In: *Zeitschrift für Literaturwissenschaft und Linguistik* 59 (1985), S. 9–37.

Kliewer, Heinz-Jürgen und Ursula Kliewer: *Gedichte im Unterricht. Grundschule und Orientierungsstufe.* Hohengehren 2002.

Klotz, Volker: *Verskunst. Was ist, was kann ein lyrisches Gedicht?* Bielefeld 2011.

Knauth, K Alfons: „Metamorphosen des Lebens- und des Liebesschiffes. Ethik und Erotik in C. F. Meyers *Zwei Segel.*" In: *Arcadia* 10, Nr. 1–3 (1975), S. 223–242.

Koch, Peter und Wulf Oesterreicher: „Sprache der Nähe – Sprache der Distanz. Mündlichkeit und Schriftlichkeit im Spannungsfeld von Sprachtheorie und Sprachgeschichte.“ In: *Romanistisches Jahrbuch* 36 (1985), S. 15–44.

Kölmel, Birgit: „Ein Gefühl für Silben. Eine musikalische Stunde zum spielerischen Einüben der Silbentrennung.“ In: *Schulmagazin 5–10: Impulse für kreativen Unterricht* 5 (2008), S. 15–21.

König, Ekkehard und Johannes Brandt: „Die Stimme – Charakterisierung aus linguistischer Perspektive.“ In: Kolesch, Doris und Sybille Krämer (Hrsg.): *Stimme: Annäherung an ein Phänomen.* Frankfurt am Main 2006, S. 111–130.

Köppe, Tilmann und Simone Winko: *Neuere Literaturtheorien.* Stuttgart 2008.

Kraft, Thomas: *Lyrik. Ein Schnellkurs.* Köln 2009.

Krah, Hans: „Binarismus/Binäre Opposition.“ In: Nünning, Ansgar (Hrsg.): *Metzler Lexikon Literatur- und Kulturtheorie.* Stuttgart 2004, S. 63.

Krämer, Sybille: „Was haben ‚Performativität‘ und ‚Medialität‘ miteinander zu tun? Plädoyer für eine in der ‚Aisthetisierung‘ gründende Konzeption des Performativen.“ In: Krämer, Sybille (Hrsg.): *Performativität und Medialität.* München 2004, S. 13–33.

Kraus, Hans-Peter: „Interpretation: Zwei Segel.“ Auf: [http://www.lyrikmond.de/gedicht-383.php].

Kügler, Hans: „Günter Eich: Inventur.“ In: Bauer, Johann (Hrsg.): *Lyrik interpretiert. Lernzielplanung und Unterrichtsmodelle für das 7.-10. Schuljahr.* Hannover 1972, S. 200–204.

Kühn, Ingrid: *Lexikologie. Eine Einführung.* Tübingen 1994.

Küper, Christoph: *Sprache und Metrum: Semiotik und Linguistik des Verses.* Tübingen 1988.

Kurz, Gerhard: *Macharten. Über Rhythmus, Reim, Stil und Vieldeutigkeit.* Göttingen 1999.

–: „Notizen zum Rhythmus.“ In: *Sprache und Literatur in Wissenschaft und Unterricht* 23, Nr. 2 (1992), S. 41–45.

–: *Metapher, Allegorie, Symbol.* Göttingen 1982.

Lamping, Dieter (Hrsg.): *Handbuch Lyrik. Theorie, Analyse, Geschichte.* Stuttgart 2011.

Lamping, Dieter: „Gedicht.“ In: Weimar, Klaus (Hrsg.): *Reallexikon der deutschen Literaturwissenschaft: Neubearbeitung des Reallexikons der deutschen Literaturgeschichte.* Bd. 1. Berlin/New York 2007, S. 669–671.

–: *Das lyrische Gedicht.* Göttingen 1989.

Latacz, Joachim: „Strukturiertes Gedächtnis. Zur Stabilisierungsfunktion des Hexameters in der Schriftlichkeitslücke der griechischen Überlieferung.“ In: Ernst, Wolfgang und Friedrich A. Kittler (Hrsg.): *Die Geburt des Vokalalphabets aus dem Geist der Poesie: Schrift, Zahl und Ton im Medienverbund.* München 2006, S. 249–281.

Lausberg, Heinrich: *Handbuch der literarischen Rhetorik*. Stuttgart 2008 [1960].

Lauterwasser, Walter: „Johann Wolfgang von Goethe: Erlkönig." In: Bauer, Johann (Hrsg.): *Lyrik interpretiert. Lernzielplanung und Unterrichtsmodelle für das 7.-10. Schuljahr*. Hannover 1972, S. 112–117.

Leclercq, Robert: *Aufgaben, Methode und Geschichte der wissenschaftlichen Reimlexikographie*. Amsterdam 1975.

Lehmann, Johannes F.: „‚Stimmgebung ist Sinngebung': Literatur lesen, Literatur hören. Versuch einer Unterscheidung." In: *Text+Kritik* 196: (Literatur und Hörbuch), München 2012, S. 3–13.

–: „Von der Information zur Textwelt." In: *Der Deutschunterricht* 4 (2010), S. 40–53.

Leroi-Gourhan, André: *Hand und Wort. Die Evolution von Technik, Sprache und Kunst*. Frankfurt am Main 1995 [1964/65].

Levý, Jiří: „Die Theorie des Verses – ihre mathematischen Aspekte." In: Ihwe, Jens (Hrsg.): *Literaturwissenschaft und Linguistik*. Bd. 3. Frankfurt am Main 1972 [1965], S. 17–42.

Link, Jürgen: „Das lyrische Gedicht als Paradigma des überstrukturierten Textes." In: Brackert, Helmut (Hrsg.): *Funk-Kolleg Literatur. Studienbegleitbrief*. Weinheim 1976, S. 36–69.

Link-Heer, Ursula: „Ernst Jandl oder Heimsuchung im Alltag durch Lyrik." In: Kiefer, Klaus H. [u. a.] (Hrsg.): *Das Gedichtete behauptet sein Recht. Festschrift für Walter Gebhard zum 65. Geburtstag*. Frankfurt am Main 2001, S. 439–450.

Lobsien, Eckhard: *Wörtlichkeit und Wiederholung: Phänomenologie poetischer Sprache*. München 1995.

Lösener, Hans: *Der Rhythmus in der Rede: linguistische und literaturwissenschaftliche Aspekte des Sprachrhythmus*. Tübingen 1999.

Lotman, Juri M.: *Die Struktur literarischer Texte*. München 1972.

Lubkoll, Christine: „Rhythmus und Metrum." In: Bosse, Heinrich und Ursula Renner (Hrsg.): *Literaturwissenschaft. Einführung in ein Sprachspiel*. Freiburg im Breisgau 1999, S. 103–123.

Lucius-Hoene, Gabriele und Arnulf Deppermann: „Narrative Identität und Positionierung." In: *Gesprächsforschung* 5 (2004), S. 166–183.

–: *Rekonstruktion narrativer Identität. Ein Arbeitsbuch zur Analyse narrativer Interviews*. Wiesbaden 2004.

Ludwig, Hans-Werner: *Arbeitsbuch Lyrikanalyse*. Tübingen 1994 [1979].

Luelsdorff, Philip A.: „Wiederholung und Reim in der generativen Phonologie." In: Ihwe, Jens (Hrsg.): *Literaturwissenschaft und Linguistik*. Bd. 3. Frankfurt am Main 1972 [1968], S. 61–78.

Luhmann, Niklas: „Sinn als Grundbegriff der Soziologie." In: Habermas, Jürgen und Niklas Luhmann: *Theorie der Gesellschaft oder Sozialtechnologie – Was leistet Systemforschung?* Frankfurt am Main 1971, S. 32.

Lukács, Georg: *Die Theorie des Romans. Ein geschichtsphilosophischer Versuch über die Formen der großen Epik.* Darmstadt/Neuwied 1982 [1916].

Lusin, Caroline (Hrsg.): *Empathie, Sympathie und Narration. Strategien der Rezeptionslenkung in Prosa, Drama und Film.* Heidelberg 2014.

Mainberger, Sabine: *Die Kunst des Aufzählens. Elemente zu einer Poetik des Enumerativen.* Berlin 2003.

Martínez, Matías und Michael Scheffel: *Einführung in die Erzähltheorie.* München 2005 [1999].

März, Christoph: „Vers." In: Müller, Jan-Dirk (Hrsg.): *Reallexikon der deutschen Literaturwissenschaft: Neubearbeitung des Reallexikons der deutschen Literaturgeschichte.* Bd. 3. Berlin/New York 2007, S. 760–763.

Mayer, Felix: *Schöpferische Sprache und Rhythmus.* Berlin 1959.

McLuhan, Marshall: *Die magischen Kanäle. Understanding Media.* Düsseldorf 1992 [1964].

Meid, Wolfgang: „Sprachstruktur und metrische Form." In: Tristram, Hildegard L. C. (Hrsg.): *Metrik und Medienwechsel = Metrics and media.* Tübingen 1991, S. 13–23.

Mellmann, Katja: „Die metrische Gestalt. Mit Überlegungen zur Sinnfälligkeit des Viertakters." In: *Journal of Literary Theory* 22 (2008), S. 253–272.

Meyer, Petra Maria (Hrsg.): *Acoustic turn.* München 2008.

Meyer-Kalkus, Reinhart: *Stimme und Sprechkünste im 20. Jahrhundert.* Berlin 2001.

Moenninghoff, Burkhard: *Grundkurs Lyrik.* Stuttgart 2010.

–: „Rhythmus und Reim als poetogene Struktur." In: Zymner, Rüdiger und Manfred Engel (Hrsg.): *Anthropologie der Literatur.* Paderborn 2004, S. 242–253.

Mukařovský, Jan: *Kunst, Poetik, Semiotik.* Frankfurt am Main 1989 [1931–1968].

Müller, Oliver: *Einführung in die Lyrik-Analyse.* Darmstadt 2011.

Müller-Schwefe, Gerhard: *Einführung in die Gedichtinterpretation: Schlüssel zur englischen Lyrik.* Dortmund 1969.

Müller-Zettelmann, Eva und Margarete Rubik (Hrsg.): *Theory into Poetry. New Approaches to the Lyric.* Amsterdam/New York 2005.

Müller-Zettelmann, Eva: *Lyrik und Metalyrik. Theorie einer Gattung und ihrer Selbstbespiegelung anhand von Beispielen aus der englisch- und deutschsprachigen Dichtkunst.* Heidelberg 2000.

Niehaus, Michael: „Fortschreitende Analyse. Plädoyer für einen konzentrierten Umgang mit literarischen Texten am Beispiel der Kurzgeschichte ‚Gründe für ein Massaker' von Burkhard Spinnen." In: *Der Deutschunterricht* 4 (2010), S. 26–39.

Nestler, Franz: „Wie ein Tweet eine Bildungsdebatte auslösen konnte." In: *Frankfurter Allgemeine Zeitung* vom 16.1.2015 [online: http://www.faz.net/aktuell/

wirtschaft/netzwirtschaft/naina-debatte-wie-ein-tweet-eine-bildungsdebatte-ausloesen-konnte-13372015.html].

Nünning, Vera: „From Theory to Practice: New Approaches to Narrative." In: Dies. (Hrsg.): *New Approaches to Narrative. Cognition – Culture – History.* Trier 2013, S. 1–23.

Ockel, Eberhard: „Lyrische Texte als Sprechpartituren." In: Krech, Eva-Maria und Eberhard Stock (Hrsg.): *Sprechen als soziales Handeln.* Hanau 1997, S. 161–179.

Ong, Walter J.: *Oralität und Literalität.* Opladen 1987 [1982].

Ossner, Jakob: „Sprachthematisierung – Sprachaufmerksamkeit – Sprachwissen". In: *Osnabrücker Beiträge zur Sprachtheorie* 40 (1989), S. 25–38.

Ottmers, Clemens: *Rhetorik.* Stuttgart 2007.

Pabisch, Peter: *luslustigtig. Phänomene deutschsprachiger Lyrik 1945 bis 1980.* Wien 1992, S. 81–86 (überarbeitete Fassung der ersten größeren Untersuchung des Gedichts: Peter Pabisch: „Sprachliche Struktur und assoziative Thematik in Ernst Jandls experimentellem Gedicht ‚wien: heldenplatz'". In: *Modern Austrian Literature* 9, Nr. 2 (1976), S. 73–85).

Parks, Ward: „Orality and Poetics: Synchrony, Diachrony, and the Axes of Narrative Transmission." In: Foley, John Miles (Hrsg.): *Comparative research on oral traditions.* Columbus (Ohio) 1987, S. 511–533.

Peirce, Charles S.: *Phänomen und Logik der Zeichen.* Frankfurt am Main 1983 [1903].

von Petersdorff, Dirk: *Geschichte der deutschen Lyrik.* München 2008.

Pfeiffer, Joachim: „Literarische Gattungen im Literaturunterricht." In: Frederking, Volker [u. a.] (Hrsg.): *Taschenbuch des Deutschunterrichts. Bd. 2: Literatur- und Mediendidaktik.* Baltmannsweiler 2013, S. 56–72.

Pielow, Winfried: *Das Gedicht im Unterricht. Wirkungen, Chancen, Zugänge.* München 1978 [1965].

Pinker, Steven: *Der Sprachinstinkt. Wie der Geist die Sprache bildet.* München 1998 [1995].

Pittrof, Thomas: „Reden und Anreden." In: Bosse, Heinrich und Ursula Renner (Hrsg.): *Literaturwissenschaft. Einführung in ein Sprachspiel.* Freiburg im Breisgau 1999, S. 231–251.

Pompe, Anja (Hrsg.): *Kind und Gedicht. Wie wir lesen lernen.* Freiburg 2015.

Pompino-Marschall, Bernd: „Die Wahrnehmung gesprochener Sprache." In: Günther, Klaus B. und Hartmut Günther (Hrsg.): *Schrift, Schreiben, Schriftlichkeit: Arbeiten zur Struktur, Funktion und Entwicklung schriftlicher Sprache.* Tübingen 1983, S. 41–69.

Posner, Roland. : „Linguistische Poetik." In: Althaus, Hans Peter, Helmut Henne und Herbert Ernst Wiegand (Hrsg.): *Lexikon der germanistischen Linguistik.* Tübingen 1980, S. 687–698.

–: „Strukturalismus in der Gedichtinterpretation.“ In: Ihwe, Jens (Hrsg.): *Literaturwissenschaft und Linguistik*. Bd. 1. Frankfurt am Main 1972, S. 136–180.

Pössiger, Günter: *Das große Reimlexikon*. Hamburg 2007 [1988].

Prangel, Matthias: „Bemerkungen zur Denkfigur binärer Schematisierungen vom Typus realistisch-unrealistisch und Ratio-Gefühl in der Literaturgeschichte.“ In: *Neophilologus* 70 (1986), S. 481–494.

Ringleben, Joachim: „Gottfried Benn: Ein Wort“. In: Barner, Wilfried (Hrsg.): *Querlektüren. Weltliteratur zwischen den Disziplinen*. Göttingen 1997, S. 247–262.

Reitz, Tilman: „Sympathie und Wahrnehmung. Empfindungen in literarischer Kommunikation.“ In: Hillebrandt, Claudia und Elisabeth Kampmann (Hrsg.): *Sympathie und Literatur: zur Relevanz des Sympathiekonzeptes für die Literaturwissenschaft*. Berlin 2014, S. 49–66.

Renner, Ursula und Heinrich Bosse: „Literarisches Verstehen. Einführung in das Themenheft.“ In: *Der Deutschunterricht* 4 (2010), S. 2–8.

Rühmkorf, Peter: *Agar Agar, Zaurzaurim: zur Naturgeschichte des Reims und der menschlichen Anklangsnerven*. Reinbek 1981.

–: *Über das Volksvermögen. Exkurse in den literarischen Untergrund*. Reinbek 1967.

Ruprechter, Walter: „Politische Dichtung aus dem Sprachlabor.“ In: Kaukoreit, Volker und Kristina Pfoser (Hrsg.): *Interpretationen. Gedichte von Ernst Jandl*. Stuttgart 2002, S. 34–46.

de Saussure, Ferdinand: *Grundfragen der allgemeinen Sprachwissenschaft*. Berlin 2001 [1916].

Schädlich, Hans-Joachim: „Über Phonologie und Poetik.“ In: Ihwe, Jens (Hrsg.): *Literaturwissenschaft und Linguistik*. Bd. 3. Frankfurt am Main 1972 [1969], S. 42–61.

Schäfer-Willenborg, Markus: „Form und Rhetorik.“ In: Fohrmann, Jürgen und Harro Müller (Hrsg.): *Literaturwissenschaft*. München 1995, S. 217–249.

Schindler, Wolfgang: „Phraseologismen und Wortfeldtheorie.“ In: Lutzeier, Peter (Hrsg.): *Studien zur Wortfeldtheorie*. Tübingen 1993, S. 87–107.

Schläbitz, Norbert: *EinFach Deutsch. Lyrik nach 1945*. Paderborn 2007.

Schlaffer, Heinz: „Sprechakte der Lyrik.“ In: *Poetica* 40, Nr. 1–2 (2008), S. 21–43.

–: „Die Aneignung von Gedichten. Grammatisches, rhetorisches und pragmatisches Ich in der Lyrik.“ In: *Poetica* 27 (1995), S. 38–58.

–: *Poesie und Wissen. Die Entstehung des ästhetischen Bewußtseins und der philologischen Erkenntnis*. Frankfurt am Main 1990.

–: „Ursprung, Ende und Fortgang der Interpretation.“ In: Stötzel, Georg (Hrsg.): *Ältere deutsche Literatur. Neuere deutsche Literatur (Germanistik – Forschungsstand und Perspektiven; Bd. 2)*. Berlin 1985, S. 385–398.

Schlegel, August Wilhelm: „Vorlesungen über schöne Literatur und Kunst." In: Ders.: *Kritische Ausgabe der Vorlesungen.* Paderborn 1989 [1804], S. 179–781.

Schmidt, Georg: „Wie man Gedichte vortragen kann. Methodische Vorschläge zur Darbietung von Poesie." In: Franz, Kurt und Rupert Hochholzer (Hrsg.): *Lyrik im Deutschunterricht. Grundlagen – Methoden – Beispiele.* Baltmannsweiler 2006.

Schmidt, Siegfried J.: „Konstruktivismus als Medientheorie." In: Nöth, Winfried und Karin Wenz (Hrsg.): *Medientheorie und die digitalen Medien.* Kassel 1998, S. 21–47.

Schnell, Ralf: *Medienästhetik: zu Geschichte und Theorie audiovisueller Wahrnehmungsformen.* Stuttgart 2000.

Scholz, Arno: „Der französische Rap als Lyrik der Gegenwart?" In: Febel, Gisela und Hans Grote (Hrsg.): *L'état de la poésie aujourd'hui = Perspektiven französischsprachiger Gegenwartslyrik.* Frankfurt am Main; New York 2003(b), S. 241–256.

Schönert, Jörg, Peter Hühn und Malte Stein: *Lyrik und Narratologie. Textanalysen zu deutschsprachigen Gedichten vom 16. bis zum 20. Jahrhundert.* Berlin 2007.

Schuhmann, Klaus: *Lyrik des 20. Jahrhunderts. Materialien zu einer Poetik.* Reinbek 1995.

Schulz, Gudrun: *Umgang mit Gedichten.* Berlin 1997.

Schwitalla, Johannes: *Gesprochenes Deutsch: eine Einführung.* Berlin 2006.

Searle, John R.: *Sprechakte. Ein sprachphilosophischer Essay.* Frankfurt am Main 2007 [1969].

Segebrecht, Wulf (Hrsg.): *Neues Fundbuch der Gedichtinterpretationen.* Paderborn 1997.

–: *Das Gelegenheitsgedicht: ein Beitrag zur Geschichte und Poetik der deutschen Lyrik.* Stuttgart 1977.

Sontag, Susan: „Against Interpretation." In: Dies.: *Against interpretation and other essays.* New York 1966.

Sorg, Bernhard: *Lyrik interpretieren. Eine Einführung.* Berlin 1999.

Spinner, Kaspar: „Kinder und Lyrik. Ein Plädoyer für ästhetische Bildung." In: Ders.: *Kreativer Deutschunterricht. Identität. Imagination. Kognition.* Seelze 2001 [1999], S. 173–180.

–: *Umgang mit Lyrik in der Sekundarstufe 1.* Baltmannsweiler 2008 [1984].

–: „Zehn Jahre Elfchen in Deutschland." In: Praxis Deutsch 152 (1998), S. 33. (Infokasten in dem Artikel: Steitz-Kallenbach, Jörg-Dietrich: „Sich selbst in Sprache erfahren und finden. (Auto-)Biographisches und projektives Schreiben in der Sekundarstufe I.", S. 31–37).

–: *Zur Struktur des lyrischen Ich.* Frankfurt am Main 1975.

Sprengel, Peter: *Geschichte der deutschsprachigen Literatur 1870–1900, von der Reichsgründung bis zur Jahrhundertwende.* München 1998, [S. 568 ff.].

Staiger, Emil: *Die Kunst der Interpretation. Studien zur deutschen Literaturgeschichte.* Zürich 1955.

–: *Die Zeit als Einbildungskraft des Dichters. Untersuchungen zu Gedichten von Brentano, Goethe und Keller.* Zürich 1953.

–: *Grundbegriffe der Poetik.* Zürich 1963 [1946].

Stanitzek, Georg: „Kommunikation (communicatio & Apostrophe einbegriffen)." In: Fohrmann, Jürgen und Harro Müller (Hrsg.): *Literaturwissenschaft.* München 1995, S. 13–31.

Stempel, Wolf-Dieter: „Sprechhandlungsrollen." In: Marquard, Odo und Karlheinz Stierle (Hrsg.): *Identität.* München 1979, S. 481–505.

Strobel, Jochen: *Gedichtanalyse. Eine Einführung.* Berlin 2015.

Tarlinskaja, Marina: „Verse Text: Its Meter and Its Oral Rendition." In: Küper, Christoph (Hrsg.): *Meter, rhythm, and performance = Metrum, Rhythmus, Performanz.* Frankfurt am Main/New York 2002, S. 39–59.

Thiessen, Holger: „Liebeslyrik im 20. Jahrhundert. Eine produktionsorientierte Erarbeitung." In: *Deutsch betrifft uns* 6 (2000), S. 1–30.

Till, Dietmar: „Rhetorik und Poetik." In: Anz, Thomas (Hrsg.): *Handbuch Literaturwissenschaft.* Stuttgart 2007, S. 435–465.

Titzmann, Michael: *Strukturale Textanalyse: Theorie und Praxis der Interpretation.* München 1977.

Tomasello, Michael: *Die Ursprünge der menschlichen Kommunikation.* Frankfurt am Main 2009 [2008].

Trabant, Jürgen: *Was ist Sprache?* München 2008.

–: „Zeichen – Sprache." In: Bosse, Heinrich und Ursula Renner (Hrsg.): *Literaturwissenschaft. Einführung in ein Sprachspiel.* Freiburg im Breisgau 1999, S. 31–49.

Ueding, Gert: *Moderne Rhetorik: von der Aufklärung bis zur Gegenwart.* München 2000.

–: „Vermählung mit der Natur. Zu Goethes >Erlkönig<." In: Grimm, Gunter (Hrsg.): *Gedichte und Interpretationen. Deutsche Balladen.* Stuttgart 1988, S. 93–108.

Ueding, Gert und Bernd Steinbrink: *Grundriß der Rhetorik. Geschichte – Technik – Methode.* Stuttgart 1994.

Uhrmacher, Anne: *Spielarten des Komischen. Ernst Jandl und die Sprache.* Tübingen 2007, S. 92–109.

Ujvary, Liesl: „Ich und die anderen. Über Redundanz und Innovation." In: Hintze, Christian Ide (Hrsg.): *Poetiken. Dichter über ihre Arbeit. Vorlesungen, Bd 1.* Wien 1994, S. 161–171.

Vinken, Barbara: „Differenz-Forschung." In: Kroll, Renate und Margarete Zimmermann (Hrsg.): *Feministische Literaturwissenschaft in der Romanistik. Theoretische Grundlagen – Forschungsstand – Neuinterpretationen.* Weimar 1995, S. 67.

Vogt, Jochen: *Einladung zur Literaturwissenschaft.* Paderborn 2002.

Vollmar, Hartmut: *Einheitliche Theorie des Verses.* Würzburg 2008.

Wagenknecht, Christian: *Deutsche Metrik: eine historische Einführung.* München 1981.

Waldmann, Günter: *Produktiver Umgang mit Lyrik. Eine systematische Einführung in die Lyrik, ihre produktive Erfahrung und ihr Schreiben.* Baltmannsweiler 2006.

–: *Neue Einführung in die Literaturwissenschaft.* Baltmannsweiler 2003.

Wanzeck, Christiane: *Lexikologie: Beschreibung von Wort und Wortschatz im Deutschen.* Göttingen 2010.

Weber, Dietrich: *Erzählliteratur: Schriftwerk, Kunstwerk, Erzählwerk.* Göttingen 1998.

Weimar, Klaus: „Was ist Interpretation?" In: *Mitteilungen des Deutschen Germanistenverbandes* 49, Nr. 2 (2002), S. 104–115.

–: „Lesen: zu sich selbst sprechen in fremden Namen." In: Bosse, Heinrich und Ursula Renner (Hrsg.): *Literaturwissenschaft. Einführung in ein Sprachspiel.* Freiburg im Breisgau 1999, S. 49–63.

–: *Enzyklopädie der Literaturwissenschaft.* München 1980.

Weiers, Karl Heinz: „Conrad Ferdinand Meyer: Zwei Segel." Auf: [http://www.mpg-trier.de/d7/read/c_f_meyer_zwei_segel.pdf]

Wellmann, Janina: *Die Form des Werdens: eine Kulturgeschichte der Embryologie 1760–1830.* Göttingen 2010.

Welsch, Wolfgang: „Auf dem Weg zu einer Kultur des Hörens?" In: Bernius, Volker [u. a.] (Hrsg.): *Der Aufstand des Ohrs – die neue Lust am Hören.* Göttingen 2006, S. 29–48.

Wenzel, Horst: *Hören und Sehen, Schrift und Bild: Kultur und Gedächtnis im Mittelalter.* München 1995.

Werner, Otmar: „Motiviertheit des Reims. Vom traditionellen Textsortenmerkmal zum individuellen Ikon." In: Küper, Christoph (Hrsg.): *Von der Sprache zur Literatur. Motiviertheit im sprachlichen und im poetischen Kode.* Tübingen 1993, S. 81–97.

Werner, Rainer: *Kompetent in Lyrik.* Braunschweig 2010.

Wiemann, Volker: „Aspekte der Lyrikanalyse." In: Eicher, Thomas und Volker Wiemann (Hrsg.): *Arbeitsbuch: Literaturwissenschaft.* Paderborn 1996, S. 53–79.

Winko, Simone: *Kodierte Gefühle: zu einer Poetik der Emotionen in lyrischen und poetologischen Texten um 1900.* Berlin 2003.

Wolbring, Fabian: *Die Poetik des deutschsprachigen Rap.* Göttingen 2015.
Wolf, Werner: „The Lyric. Problems of Definition and a Proposal for a Reconpetualization." In: Müller-Zettelmann, Eva und Margarete Rubik (Hrsg.): *Theory into Poetry. New Approaches to the Lyric.* Amsterdam 2005, S. 21–56.
Zabka, Thomas: *Pragmatik der Literaturinterpretation. Theoretische Grundlagen – kritische Analysen.* Tübingen 2005.
Zeller, Hans: „Modelle des Strukturwandels in C. F. Meyers Lyrik." In: Titzmann, Michael (Hrsg.): *Modelle des literarischen Strukturwandels.* Tübingen 1991, S. 129–147.
Zenke, Jürgen: „Poetische Ordnung als Ordnung des Poeten/Günter Eich: Inventur." In: Hinck, Walter (Hrsg.): *Gedichte und Interpretationen. Bd. 6: Gegenwart I.* Stuttgart 1982, S. 71–83.
Zipfel, Frank: *Fiktion, Fiktivität, Fiktionalität: Analysen zur Fiktion in der Literatur und zum Fiktionsbegriff in der Literaturwissenschaft.* Berlin 2001.
Zumthor, Paul: *Einführung in die mündliche Dichtung.* Berlin 1990 [1983].
Zymner, Rüdiger: *Funktionen der Lyrik.* Münster 2013.
–: *Lyrik. Umriss und Begriff.* Münster 2009.
–: *Gattungstheorie: Probleme und Positionen der Literaturwissenschaft.* Paderborn 2003.